本书获得教育部人文社会科学研究规划基金（项目编号：20YJA790009）
"混改背景下企业环境行为的异化选择与微观机理研究"的资助

混改对企业环境行为的选择与机理研究

Research on the Choice and Mechanism of
Mixed Reform on Enterprise Environmental Behavior

杜雯翠 辛 颖◎著

经济管理出版社
ECONOMY & MANAGEMENT PUBLISHING HOUSE

图书在版编目(CIP)数据

混改对企业环境行为的选择与机理研究 / 杜雯翠,辛颖著. —北京:经济管理出版社,2023.9

ISBN 978-7-5096-9254-7

Ⅰ.①混⋯ Ⅱ.①杜⋯ ②辛⋯ Ⅲ.①国企改革—关系—企业环境管理—管理行为—研究—中国 Ⅳ.①F279.21②X322.2

中国国家版本馆 CIP 数据核字(2023)第 184534 号

组稿编辑:任爱清
责任编辑:任爱清
责任印制:黄章平
责任校对:陈 颖

出版发行:经济管理出版社
　　　　　(北京市海淀区北蜂窝 8 号中雅大厦 A 座 11 层　100038)
网　　址:www. E-mp. com. cn
电　　话:(010)51915602
印　　刷:北京晨旭印刷厂
经　　销:新华书店
开　　本:720mm×1000mm /16
印　　张:10
字　　数:177 千字
版　　次:2024 年 1 月第 1 版　　2024 年 1 月第 1 次印刷
书　　号:ISBN 978-7-5096-9254-7
定　　价:78. 00 元

前言 PREFACE

20 世纪 90 年代，伴随着我国开始允许国内民间资本和外资参与国有企业进行改组改革，混合所有制改革（简称"混改"）的历程逐渐开启。无论是国有企业还是私营企业，做大做强并非只以企业盈利能力作为唯一标准，能否很好地履行社会责任也成为考量企业的重要因素。党的二十大报告指出，"推进美丽中国建设，统筹产业结构调整、污染治理、生态保护、应对气候变化，协同推进降碳、减污、扩绿、增长，推进生态优先、集约节约、绿色低碳发展"，不仅强调了企业在增长中的贡献，也明确了其在环境治理过程中的主体责任。作为市场基本经济制度的重要实现形式，混合所有制改革不仅是我国市场经济发展中的特色，更为促进企业承担环境保护等社会责任提供了新的视角。本书从企业环境行为出发，从理论、实证、案例等多个角度刻画企业环境行为，系统研究混改背景下企业环境行为的变化及其对治污减排效果的影响。

本书主要包括十章：

第一章为导论。介绍本书的选题背景、研究意义，进行概念界定并说明研究内容，阐明研究思路与研究方法，从总体视角梳理本书的主要内容和研究脉络。

第二章为文献综述。利用文献计量方法对文献库选取及分布进行说明，从关键词的共现矩阵、发文量较多的作者、发文量较多的机构三个角度展开，分析近年来混合所有制改革相关文献的分布情况；总结了现有研究关于混合所有制改革对企业全要素生产率、企业创新、企业投资效率、企业风险水平影响的相关讨论；具体总结了混改影响企业环境行为的相关文献。

第三章为混合所有制改革的历史演进。将混合所有制改革的历史演进划分为六个阶段，分别为国企放权让利阶段（1979～1984 年）、国企强化经营权阶段(1985~1992年)、国企转换经营机制阶段(1993~2002年)、国企战略性调整阶段(2003~2011年)、国企深化改革阶段(2012~2015年)以及混改试点先行阶段(2016年至今),回顾相关历史阶段的政策变化,总结混合所有制改革历史演进过程中的突出特点与逻辑脉络。

第四章为混改影响企业环境行为的理论分析。根据我国的基本情况,在寡头竞争模型中引入污染排放变量,分析混合所有制改革对企业污染排放的作用机理,并从技术进步、能源结构、能源效率三个机制入手,进一步讨论混改影响企业环境行为的机制路径。

第五章为国有工业企业环境行为的比较分析。利用中国工业企业污染数据库,从污染排放总量、污染排放强度、能源效率情况三个方面入手,分析中国工业企业环境行为的主要特征,并从年份、行业、规模、地区等维度对中国工业企业的环境行为进行比较分析。

第六章为混改影响企业污染排放的微观效果。基于中国工业企业数据库和中国工业企业污染库匹配后的微观数据,利用PSM-DID模型,实证检验混合所有制改革对国有企业二氧化硫排放量、化学需氧量排放量和二氧化碳排放量的影响,并从全要素生产率、能源效率和能源结构三个路径进行了机制检验。

第七章为混改影响企业污染排放的微观效果:来自市场竞争的进一步检验。基于1998~2007年中国工业企业数据库与中国工业企业污染数据库的匹配数据,利用多期DID模型实证检验混改对国企减排的治理效应,以及市场竞争对二者关系的影响,从市场竞争的角度为混改的微观效果提供经验证据。

第八章为混改影响行业污染排放的宏观效果。利用2005~2013年中国34个工业行业的面板数据,通过门槛模型检验产权多元化与水环境污染之间是否存在如理论模型所述的非线性数量关系,从行业角度为混改的宏观效果提供经验证据。

第九章为混改影响环保企业的案例分析。以东江环保股份有限公司(以下简称东江环保)为案例企业,分别从混改企业基本情况、国有资本注资私营企业的历程、引入国有资本后东江环保改革效果三个角度分析国企混改对东江环保企业绩效的影响。

第十章为主要结论与政策建议。总结全书的主要内容,并对进一步协同推进混合所有制改革与企业高质量发展提出政策建议。

本书研究创新主要集中在以下三个方面:

（1）研究视角的创新。一方面，现有研究对企业环境行为的讨论较为丰富，但从混合所有制改革的视角切入的研究仍不多；另一方面，已有文献对于混合所有制改革的效果的讨论较为系统，但却少有文献讨论混合所有制改革对环境污染的影响。本书将混合所有制改革与企业环境行为结合起来，对于现有两部分文献都做出了新的补充。

（2）研究方法的创新。当前关于混合所有制改革的相关研究多以实证方法为主，理论方面的研究为数不多，再加上现有理论研究多是基于西方国家的市场结构设定的，缺乏对中国市场情况的考虑，因而大多采用古诺模型来讨论产权多元化和产权性质对环境污染的影响。与以往研究相比，本书立足中国国情，设定了垄断竞争市场情景，利用数理模型推演混合所有制改革对企业污染排放的影响，这属于研究方法的创新。

（3）研究结论的创新。现有研究多集中讨论混合所有制改革对企业绩效的影响，因而相关研究结论多集中于混合所有制改革对企业全要素生产率、企业创新、财务绩效、员工激励等方面的影响。本书从混合所有制改革角度探寻其对企业环境行为的影响，结论的创新之处在于从企业环境行为角度说明混合所有制改革的效果，并基于此对混合所有制改革及企业环境行为的规制提出差异化的政策建议。

目录 CONTENTS

| 第一章 |

导　论

第一节　选题背景与研究意义

一、选题背景

改革开放以来，对所有制问题的改革，尤其是公有制经济（主要是国有经济）实现形式的改革，是经济体制改革的最大难题。

从限制私有制经济发展到改造私有制经济，从承认非公有制经济到发展混合所有制经济，混合所有制经济发展经历了多个阶段的历史变迁（见表1-1），在社会经济发展中发挥着举足轻重的作用。1993年，党的十四届三中全会作出在中国"建立社会主义市场经济体制"的决定，明确地指出"坚持以公有制为主体、多种经济成分共同发展的方针"。在这次会议决定中第一次出现了"混合所有"的字样，但还仅仅认为是一种新的"财产所有结构"，并没有确认其为一种所有制形式。直到1997年党的十五大的召开，文件中才出现在混合所有制经济中的国有成分和集体成分"也是公有制经济"，"股份制是现代企业的一种资本组织形式"。这里将"混合所有"上升为"混合所有制经济"，正式确认了这种经济的公有制性质。2002年，党的十六大更明确指出中国经济改革的目标任务是完善社会主义市场经济体制，作为"完善"的一项具体要求提出了"积极推行股份制，发展混合所有制经济"。2007年，党的十七大指出"以现代产权制度为基础，发展混合所有制经济"。2013年，党的十八届三中全会通过《中共中央关于全面深化改革若干重大问题的决定》，明确指出混合所有制经济是中国基本经济制度的重要实现形式。这是在党的十五大指出混合所有制经济是公有制的实现形式的基础上，在理论和政策上又提升了一步。2015年9月，国务院印发《关于国有企业发展混合所有制经济的意见》，对国企混改之路提出了具体要求。2017年，党的十九大报告明确指出，"深化国有企业改革，发展混合所有制经济，培育具有全球竞争力的世界一流企业"。一系列顶层设计凸显了发展混合所有制经济的重要地位和作用。

表1-1　中国关于发展混合所有制的政策变迁

会议	关于混合所有制的政策
党的十一届六中全会	国有经济和集体经济是中国基本的经济形式，一定范围的劳动个体经济是公有制经济的必要补充
党的十二大	坚持国营经济的主导地位和发展多种经济形式。按照有利生产和自愿互利的原则，促进多种形式的经济联合，支持合作经济的发展
党的十二届三中全会	个体经济是对社会主义经济必要的有益的补充；在自愿互利的基础上广泛发展全民、集体、个体经济相互之间灵活多样的合作经营和经济联合，有些小型全民所有制企业还可以租给或包给集体或劳动者个人经营
党的十三大	除全民所有制、集体所有制以外，还应发展全民所有制和集体所有制联合建立的公有制企业，以及各地区、部门、企业互相参股等形式的公有制企业
党的十四大	在所有制结构上，以公有制包括全民所有制和集体所有制经济为主体，个体经济、私营经济、外资经济为补充，多种经济成分长期共同发展，不同经济成分还可以自愿实行多种形式的联合经营
党的十四届三中全会	随着产权的流动和重组，财产混合所有的经济单位越来越多，将会形成新的财产所有结构
党的十五大	公有制经济不仅包括国有经济和集体经济，还包括混合所有制经济中的国有成分和集体成分；公有制实现形式可以而且应当多样化。一切反映社会化生产规律的经营方式和组织形式都可以大胆利用
党的十六大	除极少数必须由国家独资经营的企业外，积极推行股份制，发展混合所有制经济
党的十六届三中全会	大力发展国有资本、集体资本和非公有资本等参股的混合所有制经济
党的十七大	以现代产权制度为基础，发展混合所有制经济

会议	关于混合所有制的政策
党的十八大	要毫不动摇巩固和发展公有制经济,推行公有制多种实现形式,深化国有企业改革,完善各类国有资产管理体制
党的十八届三中全会	积极发展混合所有制经济。国有资本、集体资本、非公有资本等交叉持股、相互融合的混合所有制经济,是基本经济制度的重要实现形式,有利于国有资本放大功能、保值增值、提高竞争力,有利于各种所有制资本取长补短、相互促进、共同发展。允许更多国有经济和其他所有制经济发展成为混合所有制经济。国有资本投资项目允许非国有资本参股。允许混合所有制经济实行企业员工持股,形成资本所有者和劳动者利益共同体
党的十九大	深化国有企业改革,发展混合所有制经济,培育具有全球竞争力的世界一流企业
党的十九届四中全会	发展混合所有制经济,增强国有经济竞争力、创新力、控制力、影响力、抗风险能力
党的二十大	坚持和完善社会主义基本经济制度,毫不动摇巩固和发展公有制经济,毫不动摇鼓励、支持、引导非公有制经济发展,充分发挥市场在资源配置中的决定性作用,更好发挥政府作用。深化国资国企改革,加快国有经济布局优化和结构调整,推动国有资本和国有企业做强做优做大,提升企业核心竞争力。优化民营企业发展环境,依法保护民营企业产权和企业家权益,促进民营经济发展壮大

资料来源:笔者根据党的历次会议整理。

经济发展进入新常态下,环境问题依然不容小觑。过去经济发展成果的考察"唯 GDP"论,导致资源严重消耗和环境破坏程度加剧,生态环境的承载能力逐渐达到上限。在资源紧张、环境污染等因素制约下,过去依赖于资源消耗与环境破坏的增长模式需要转变。如何转变发展方式,寻求一种绿色可持续的发展模式、打破经济增长的瓶颈成为近年来一直关注的焦点。从党的十八届五中全会首次将生态文明建设写入五年规划发展纲要,绿色发展与创新、协调、开放和共享将成为经济社会发展的新方向与战略目标;"十三五"规划纲要提出"生态环境质量总体改善"的目标,绿色发展理念从创新驱动发展战略到构建发展新体制再到农业产业现代化、新型城镇化建设等方面均有涉及,贯穿于经济社会发展的各个环节;再到党的十九大报告再次强调了生态文明建设的重要性,为未来生态文明建设以及绿色发展规划了方向、指明了思路。由此可见在绿色发展理念的驱动下，政府、企业、社会组织和公众参与在生态文明建设以及环境治理当中需发挥更为积极的作用。企业作为创造社会经济财富的微观主体，也是污染物排放与资源消耗的发起者。因此，识别企业的环境行为，对于加快经济社会发展向绿色可持续发展的转型具有重要意义。由于生态文明建设的深入，近年来污染防治攻坚战的阶段性目标逐一实现；企业在履行社会责任、加快绿色转型、将自身发展嵌入生态文明建设、改善生态环境方面取得了一定成绩。由于 2025 年污染防治攻坚年份即将到来，现代企业需加快转型升级，因此企业应将生态文明建设与环境保护纳入自身发展体系，根据市场经济发展特色调整过去不相适宜的管理模式，实现企业效率与社会福利的进一步提升。

混合所有制改革作为市场基本经济制度的重要实现形式，不仅是市场经济发展当中的一大特色，更是企业在未来发展的明确路径。在混合所有制改革背景下，有效整合不同资本，提高资本效率，有助于充分发挥市场在资源配置中的决定性作用，在释放改革红利的同时助推企业实现绿色发展方式的转型。

二、研究意义

党的十九大报告指出，要"发展混合所有制经济，培育具有全球竞争力的世界一流企业"。混合所有制改革并非刚刚开始，早在 20 世纪 90 年代，中国便允许国内民间资本和外资参与国有企业的改组改革，自此，国企开始了产权多元化与混合所有制改革的历程。什么样的混合所有制改革可以将企业培养成为具有全球竞争力的一流企业？除一流的盈利能力之外，还应履行一流的社会责任，尤其是环境治理的主体责任，这也正是党的十九大报告提出的"构建政府为主导、企业为主体、社会组织和公众共同参与的环境治理体系"的核心要义之一。大力推进生态文明建设、切实改善环境质量，需要厘清不同所有制企业的环境行为，弄清混合所有制改革与污染的关系，这在一定程度上回答了什么样的深化改革在制度上是推动高质量发展的，什么样的混改在发展上是绿色的。

在经济学逻辑下，企业目标是利润最大化，而国企因其特殊产权性质，会将降低污染纳入目标函数。原因有三：一是与私企相比，国企经营者并不"在乎"治污成本，而更关注职位升迁。二是"十二五"以来，重点央企相继签订减排目标责任书，党的十八大后，生态文明被纳入政府官员考核，国企经营者也面临同样问题。因此，国企环境违规的成本更高，不仅包括罚款等经济成本，还包括经理人的政治成本。三是国企大多规模较大，属于环保部门重点监测企业，在治污减排、环境监测、环境审批、数据上报等方面接受多部门监管，环境违规被发现的概率更高。因此，国企并无足够动机污染环境。而且，部分国企存在能耗高、效率低问题（刘小玄，2000），也会间接引起污染。另外，由于有些国企的行政级别，导致一些地方政府监管难度很大。

可见，很难简单判断国企与私企谁更环保。多种所有制经济共同发展背景下，混合所有制改革对环保有何影响？该问题的回答不仅有助于了解混改对企业环境行为的作用机理，还会揭示出不同所有制企业环境行为选择的内在逻辑，为精准化环境经济政策的制定提供依据。

从理论角度来看，本书的理论价值在于，运用理论模型分析混改对企业环境行为的影响，补充现有理论研究；检验混合所有制改革对企业环境行为的影响效果与内在机理，为混合所有制改革下环境经济政策的精准化制定提供理论依据。

从应用角度来看，本书也有一定的实践价值。混改是否影响了企业的环境行为？开展混合所有制改革的企业，其环境行为是改善了还是恶化了？国有企业与私营企业，到底谁才是治污减排的阻碍？这些问题的回答和解决对于判断混合所有制改革是不是高质量的、可持续的，以及混合所有制改革下精准化环境经济政策的设计与实施具有一定的应用价值。

第二节　概念界定与研究内容

一、概念界定

关于企业环境行为的概念，Sarkar（2008）认为，是企业出于环境效益与经济效益的双重考虑而采取的措施，企业环境行为也可能是基于外界的压力而采取的手段。余瑞祥和朱清（2009）认为，这是在外部环境政策的制定下公众环境积极偏好或消极偏好的一种反映，是企业为了实现未来发展目标而对自身战略规划进行调整的环境管理行为。

随着环境经济学的发展，关于企业环境行为的研究从以下三个方面展开：

(一) 企业环境污染行为

在经济学视角下，环境污染属于典型的"外部性"问题，根据庇古和科斯的相关理论，环境污染的根源来自产权的不明确，解决或抑制污染物排放需要对排污权进行交易或征收排污税；而这一交易的本质则是通过政府环境规制政策提高企业污染成本，进而减少污染物的排放。根据林伯强和李江龙（2015）的归纳，我国产生环境污染的主要因素有以下四个方面：①传统粗放的生产方式；②以化石能源为主导的能源消费结构；③技术进步的回弹效应；④环境规制政策执行不彻底，这些因素都制约着我国生态经济发展。企业作为排污主体，关于其环境污染行为的研究分别从企业污染行为与企业治理行为展开。在影响企业环境污染排放因素方面，以大气污染（二氧化碳、二氧化硫）、水污染、固体废弃物等工业排放物为污染代理变量展开的研究主要有经济增长（包群和彭水军，2006；陈诗一，2009）、产业结构（肖挺和刘华，2014）、产品进出口（徐保昌等，2016）、产业集聚（杨帆等，2016）、外商直接投资（周力和李静，2015；冷艳丽等，2015）。从企业环境污染治理行为来看，企业通过二氧化硫排污权交易、碳交易，使碳排放成为非公共物品，在总量上控制其污染排放（任亚运和傅京燕，2019），碳交易可以通过降低碳排放成本、推动技术进步、刺激企业能源结构优化升级等路径实现碳减排。

(二) 企业绿色投资行为

绿色投资是企业进行内部资源配置的一种新方式；企业通过把有限的资源分配至清洁技术、开发清洁可再生能源等方面，以提高资源利用率，降低能源消耗，进而实现污染治理（陈宇峰和马延柏，2021）。胡曲应（2012）认为，企业开展绿色投资主要有外部和内部两个方面原因：外部原因是环境污染带来的社会福利下降迫使企业进行节能减排，新市场竞争格局的形成约束了企业生产，环境质量的好转使企业绿色投资成为常态；内部原因是企业通过主动进行绿色投资会促使其掌握更多绿色技术，进一步掌握更多信息，从而提高企业绩效。此外，崔秀梅（2013）认为，企业绿色投资行为受道德驱动，考虑投资人以及其他利益相关者社会福利受到损害时，企业出于道德责任进行绿色投资，不仅能满足利益相关者环保要求，还可进一步获得竞争优势。Maxwell 和 Decker(2006)利用博弈论模型分析指出，在强制环境规制尚未出台时，许多企业的投资行为旨在试图降低成本以遵守相应法规。沈可挺和龚健健(2011)研究得出，企业污染治理能力提高与节能减排投资能够降低环境规制政策对短期成本的冲击。张济建等(2016)通过实证研究表明，政府严格的环境规制推动企业进行绿色投资，国有控股公司在环境规制政策影响下的企业绿色投资行为更加主动。马妍妍和俞毛毛(2020)基于上市公司的绿色投资行为，分析发现企业出口对绿色投资有促进作用；特别是在竞争机制作用下，企业绿色投资水平进一步提升。

(三)企业"漂绿"行为

企业对利润的追求是决定其环境行为的关键，同时环境行为的程度与水平影响利润。这一分析视角从新古典经济学出发，企业在做决策时通常遵循低成本高利润，近年来企业的"漂绿"行为被视为其追逐利益最大化下的理性选择。关于企业漂绿行为的定义与表现形式，学界的分析维度较广，但"选择性披露污染行为"(Lyon and Maxwell, 2011；Marquis and Toffel, 2012；李大元等, 2015)、"企业绿色形象或绿色产品的虚假宣传"(Laufer, 2003；Hamilton and Zilberman, 2006)等相近定义较为多见。根据企业环境行为决策过程模型，企业因外界环境压力转化为环境成本、环境成本转化为企业预算成本后相应的环境行为响应使企业进行污染减排、清洁生产等绿色可持续行为(张炳等, 2007)。

近年来，经济学领域以实现污染减排为研究目标在企业层面对环境规制、环境信息披露、环境税等相关问题展开的研究诸多，而本书着重对企业在污染环境排放影响因素方面的研究进行综述。从宏观层面来看，影响企业污染物减排的主要因素表现在能源结构的改善和效率的提高、全要素生产率的提高、技术的创新等方面。

(1)能源结构又可拆解为能源生产结构与能源消费结构。在能源生产结构方面，王兵等(2010)运用 SBM 方向性距离函数和 Luenberger 生产率指标分别测度中国 30 个省份的环境效率和环境全要素生产率后发现，能源结构对环境效率以及环境全要素生产率有显著负向影响。在能源消费结构方面，林美顺(2017)通过实证研究发现，清洁能源消费比重每增加 1%，二氧化碳与二氧化硫排放将分别降低 0.129% 与 0.407%，清洁能源消费比重提高对碳排放有促进作用；朱欢等（2020）通过分析 67 个国家 1990~2018 年的能源消费总量等组合面板数据发现，只有经济增长到达一定水平才能实现能源结构与碳减排的红利。

（2）全要素生产率与污染物减排。魏楚等（2010）对地区能源效率、节能减排潜力进行产出分析后发现，要素生产率的改进能够促进硫化物的减排；王兵等（2011）通过 DEA 方向性距离函数测算中国省际全要素能源效率发现，二氧化硫去除率具有区域特征，东部地区二氧化硫去除率与全要素能源效率正相关，而中西部地区情况相反。

（3）技术进步。董直庆等（2014）通过构建内生增长模型发现，清洁技术的创新以及控制城市用地规模可以提高环境质量；杨飞等（2017）利用 1995~2019 年行业数据实证检验了技术进步对行业氮氧化物以及二氧化硫排放的影响；杨振兵等（2016）基于超越对数生产函数的随机前沿方法发现，技术进步路径的方向优化不仅能解决产能、资源短缺以及环境污染等问题，也是实现中国工业绿色变革的关键。

根据上述文献回归，企业环境行为可以划分为污染排放与污染治理、绿色投资行为、漂绿行为等。本书所展开的企业环境行为研究，主要目的是通过对企业进行混合所有制改革前后污染排放量的差异进行对比，从而分析混合所有制改革对企业环境行为的影响。另外，污染排放量的变化是企业采取环境行为的结果。因此，从这个角度来看，污染排放量是环境行为的最终体现。基于此，本书所涉及的企业环境行为主要是指污染物的排放行为。

二、研究内容

本书结合环境经济学、企业理论等多学科的基础理论，从理论模型和实证检验两个方面，研究混改背景下企业环境行为选择的微观机理和宏观效应，并提出在混改背景下提高企业环境绩效、实现企业高质量发展的分类指导、分类施策、分类管理机制。目前学术界对混改主要问题的讨论已十分深入，这并非本书的重点。本书主要关注混改背景下，企业环境行为发生了何种变化，这种变化该如何识别，变化的成因与机理是怎样的，在这种变化下应如何针对企业产权性质制定精准化环境经济政策，以适应混改对企业环境行为的影响。

第三节　研究思路与研究方法

一、研究思路

本书的技术路线如图 1-1 所示。

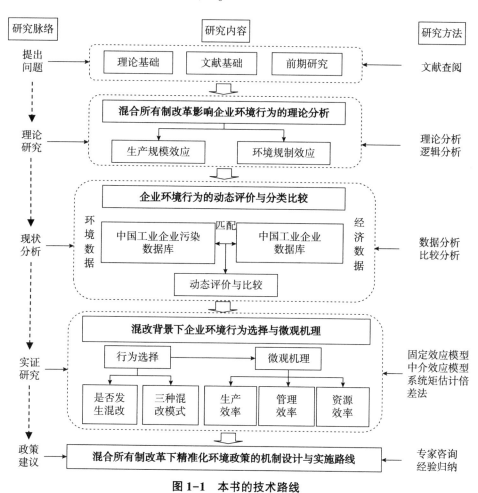

图 1-1　本书的技术路线

二、研究方法

本书的主要研究方法包括以下三个：

（1）数理模型。现有产权多元化与环境污染的理论模型并不完全适用于中国，无论是古诺模型还是 Bertrand 模型，都假设企业市场地位相同。但在我国很多行业中，国有企业规模大，易成为领导者，使国有企业和私营企业市场地位不对等。2017 年，规模以上国有企业平均资产约为 23 亿元，利润 0.91亿元，而私营企业的平均资产仅为 1.13 亿元，利润约为 0.11 亿元。尽管数量仅为私有企业的约为 8%，但国有企业的平均资产和利润却分别是私营企业的 20 倍和 8 倍，这种规模优势是不能忽视的。混改会降低整体产出规模，因生产规模效应降低污染，但也会松弛环境规制，因环境规制效应加剧污染，结果取决于两种效应的权衡。本书利用假设两种企业市场地位不同的混合寡头模型，分析混改背景下企业环境行为选择的内在动因。

（2）实证检验。利用 1998～2013 年中国工业企业的环境行为数据与工业企业数据或上市公司数据的匹配，基于倍差法、固定效应模型、GMM 估计等方法，检验混改对企业环境行为的影响效果。另外，利用中国工业行业数据，从行业层面分析混合所有制改革的行业影响。

（3）政策分析。环保与混改既是学术研究的两个重要话题，又是政策制定的两个关键目标。本书结合混改背景与企业环境行为特征，基于理论与实证研究结论以及企业特征和行业特征，提出混改背景下优化企业环境行为、提高企业环境绩效、实现企业高质量发展的分类指导、分类施策、分类管理机制设计和实施路线。

| 第二章 |

文献综述

第一节　文献计量分析

2013 年《中共中央关于全面深化改革若干重大问题的决定》发布，指出要积极发展混合所有制经济。此后，一些研究机构或学者对于混合所有制的评述性研究逐渐增多。早在 20 世纪 80 年代末期，关于混合所有制的研究就逐渐开始进行，结合其研究趋势，大致分为三个阶段：社会主义初级阶段所有制结构、混合所有制发展的理论探讨、混合所有制改革的效果检验。为了更加系统化地梳理混合所有制改革相关文献，本章以 2006~2021 年我国混合所有制方向中文文献为研究对象，运用 CiteSpace 和 NoteExpress 两种文献计量软件，采用文献计量方法，分析混合所有制研究领域的现状和热点问题，总结出我国混合所有制研究领域的前沿方向、主要研究机构、高产作者、学术期刊分布等，从文献统计的角度为混合所有制改革领域的进一步研究提供可行建议和方向。

一、数据库选取与样本分布

(一) 数据库选取

由于混合所有制改革是我国特有的制度，因而在此只针对国内文献进行综述和计量。利用 CNKI 高级检索，以"混合所有制"为检索主题、企业为摘要关键词进行筛选，检索时段设置范围为 2006~2021 年，检索期刊论文来源类别设置为核心期刊和 CSSCI，最终检索到有关领域的中文文献共计 1566 篇。

（二）样本的年份分布

表 2-1 比较了 2006~2021 年相关学者及研究机构在混合所有制改革领域的发文量，以及对应年份发文量占总发文量的比例。可以看出，2006~2021 年国内学者共发表相关学术论文 1566 篇。2013 年及之前，每年的发文量都不多，只有 2006 年、2009 年、2013 年的发文量超过 10 篇，其余年份的发文量都是个位数。2014 年发文量激增至 149 篇，这与 2013 年《中共中央关于全面深化改革若干重大问题的决定》的发布有直接关系。在随后的年份中，每年发文量都保持在 190 篇左右，国内学者对混合所有制改革这一领域的关注度持续上升。

表 2-1　2006~2021 年不同年份混合所有制改革领域发文量统计

年份	发文量（篇）	发文量占比（%）	年份	发文量（篇）	发文量占比（%）
2006	13	0.83	2015	198	12.64
2007	7	0.45	2016	196	12.52
2008	4	0.26	2017	199	12.71
2009	15	0.96	2018	180	11.49
2010	5	0.32	2019	180	11.49
2011	5	0.32	2020	190	12.13
2012	2	0.13	2021	207	13.22
2013	16	1.02	—	—	—
2014	149	9.51	合计	1566	100

资料来源：笔者计算获得。

（三）样本的期刊分布

2006~2021 年，刊发混合所有制相关研究的学术期刊分布相对分散，刊文量在 20 篇及以上的学术期刊共有 8 种。其中，刊文最多的是《会计之友》（38 篇）、《经济研究参考》（30 篇），其次是《财会月刊》（29 篇）、《经济纵横》（23 篇）、《改革》（22 篇）、《经济体制改革》（22 篇）、《财务与会计》（22 篇）、《财会通讯》（20 篇）、《现代经济探讨》（16 篇）、《管理世界》（14 篇）等期刊。

二、关键词的共现矩阵

文献计量的方法主要包括共词分析(Co-word Analysis)、聚类分析(Cluster Analysis)等,本书基于共词聚类分析,应用图示法来形象地展现我国混合所有制改革领域在一定时期内的研究现状及热点。运用 NoteExpress 生成矩阵有以下三个:

(1)对混合所有制改革领域的文献数据进行标准化处理,以确保文献属于该研究领域。

(2)对文献的关键词进行规范化处理,包括相对不规范关键词的删除(例如现状、对策、因素等无明确指向的关键词),关键词的同义词、缩写词的统一和规范(例如,"国有企业改革""国企改革"统一为"国企改革")。

(3)运行目标题录所在文件夹,运用软件内的数据分析功能并选取"关键词"选项,生成词频共现矩阵。运行结果共获得 104 个高频次关键词(见表 2-2)。

表 2-2　混合所有制改革研究领域高频聚类

聚类名称	文献数(篇)	聚类名称	文献数(篇)	聚类名称	文献数(篇)
混合所有制	681	公有制	22	企业结构	13
国有企业	431	员工持股	21	企业负担	13
企业治理	84	激励	21	控制权	13
产权	70	市场化	20	董事会	13
国有资本	69	生产要素	19	税收税制	12
企业创新	65	基本经济制度	19	融资融合	12
民营化	56	国有经济	19	经营管理	12
改革	54	私有化	17	财务财政	12
股权相关	43	产业结构	17	战略布局	11
企业绩效	42	国有资产	16	新格局	11
股权结构	41	股份制	16	委托代理	11

续表

聚类名称	文献数(篇)	聚类名称	文献数(篇)	聚类名称	文献数(篇)
投资	39	供给侧	16	内部环境相关	11
所有制	36	政策	15	会计	11
股东	34	社会主义	15	风险管控	11
竞争力及竞争性	31	企业发展	15	转轨转型	10
企业制度	30	利益相关	15	政治关联	10
垄断	30	资源配置	14	银行	10
高管	30	路径选择	14	企业效率	10
市场经济	25	股权制衡	14	企业价值	10
国有股	25	分类改革	14	监督监管	10
政府干预	23	并购重组	14	国企改革	10
国资监管	23	资本配置	13	产能	10
企业管理	22	增产增量	13		

资料来源:笔者统计获得。

由表2-2可以看出,2006~2021年混合所有制改革相关文献的关键词共现频次最高的是"混合所有制"(681),其次是"国有企业"(431)、"企业治理"(84)和"产权"(70)。关键词共现频次居前十位的还有"国有资本""企业创新""民营化""改革""股权相关"和"企业绩效",这些关键词在一定程度上代表了我国混合所有制改革研究领域的热点内容,并由此构成了相关研究领域的知识网络。

三、发文量较多的作者

以2006~2021年作为一个时间跨度,运行CiteSpace及NoteExpress软件,分析并形成作者的知识网络图谱(见图2-1)。可以看出,2006~2021年我国混合所有制改革研究领域发文量相对较多的作者首先是汤吉军(13篇)、陈俊龙(13篇),其次是王曙光(10篇)、陈林(8篇),还有叶满城(7篇)、张伟(6篇)、龙斧(6篇)等。

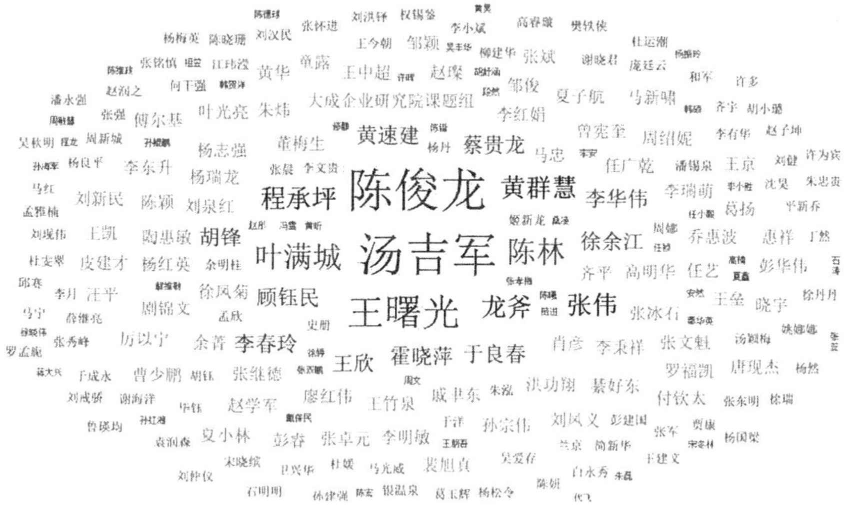

图 2-1　2006~2021 年混合所有制改革研究领域的高产作者

资料来源：笔者统计获得。

四、发文量较多的机构

在对混合所有制改革领域发文量居前机构进行调查统计过程中，设置阈值显示前 150 个科研机构，以 2006~2021 年作为一个时间跨度，运行 CiteSpace 软件，形成高产的科研机构统计，结果如表 2-3 所示。可以看出，2006~2021 年，我国混合所有制改革领域发文量最高的科研机构是吉林大学（51 篇），其次是北京大学（41 篇）和中国人民大学（38 篇）。进一步分析上述科研机构的具体部门发现，吉林大学的发文主要来自吉林大学中国国有经济研究中心（26 篇）和经济学院（19 篇），北京大学的发文主要来自经济学院（15 篇）和光华管理学院（10 篇），中国人民大学的发文主要来自经济学院（11 篇）、马克思主义学院（7 篇）和商学院（5 篇）。需要说明的是，中国社会科学院、地方党委党校等研究机构在本书研究中被列为二级机构，因此未在表中显示，但从实际数据来看其发文量也是很多的。以中国社会科学院为例，2006~2021 年其在混合所有制改革领域的发文量达到 67 篇，形成了相当可观的文献贡献量。此外，我们发现在科研单位列表中还出现了一些国家机关，例如国家审计署、国家发展改革委等，这从侧面体现出政府对混合所有制改革的关注度。

表 2-3　2006~2021 年混合所有制改革研究领域发文量居前的科研机构

科研机构	发文量（篇）	科研机构	发文量（篇）
吉林大学	51	南开大学	23
北京大学	41	南京大学	20
中国人民大学	38	中央财经大学	19
武汉大学	27	暨南大学	19
首都经济贸易大学	26	辽宁大学	18
中国海洋大学	26	西南财经大学	16

第二节　混合所有制改革的效果

通过回顾梳理混合所有制改革的历史脉络、不同时期改革侧重点以及研究方向的变化，对下一步国有企业混合所有制改革在环境行为上带来的改善提供历史依据以及方向指引。

通常以邓小平同志发表南方谈话为起点，将 1992~2002 年这一阶段视作现代企业制度的建立。这一阶段以产权制度改革、企业法人财产制度及法人治理结构等企业制度的建立与完善为主要改革内容。1992 年，在党的十四大上针对所有制结构明确提出，以全民所有制和集体所有制经济为主体，个体、私营、外资经济作为补充，多种经济成分共同长期发展。党的十四届三中全会提出了财产混合所有概念，党的十五大报告进一步确立了我国基本经济制度，1999 年党的十五届四中全会首次在表述中对国有大中型企业发展"混合所有制经济"做出指引。党的十五大关于国有企业改革的新思路，不仅促进了国有企业布局结构的优化调整，还建立了优胜劣汰机制。从理论到现实，企业发展混合所有制改革从上一阶段个体意义上的"搞活国营企业"转变为"整体上搞活国有企业"。国有企业在理论方面被当作一个整体，在实践方面不局限于国有企业的亏损，而从整体布局出发对改革策略和制度进行调整，建立现代企业制度。这一制度的建立，也为后来企业产权方面进行股份制改革奠定基础（陈俊龙，2017）。这一阶段关于国有企业混合所有制改革的研究主要为理论道路与前进方向的探索。吴敬琏（1993）、张维迎（1999）提出的产权理论与林毅夫等（1997）提出的竞争理论分别对传统国有企业低效率问题展开争论；随着研究的深入，后来学者们以实证方法利用微观企业数据证实国有企业存在低效率的问题，而产权改革能提高国企效率。

2003～2012 年为混合所有制发展阶段。党的十六大报告进一步提出"除少数必须由国家独资经营的企业外，积极推行股份制，发展混合所有制经济"。2003 年 4 月国有企业改革的标志性事件——国务院国有资产监督管理委员会成立，对相关国有经济部门效率低下、部分边界重合等问题进行了实际解决，牢固了国有资产在资本市场中的地位和作用。2003 年 10 月召开的党的十六届三中全会在《中共中央关于完善社会主义市场经济体制若干问题的决定》中提出"产权是所有制的核心和主要内容"，现代产权制度的建立是现代企业制度构建的基础和保障（周其仁，2013）。这一阶段的改革主要有国有企业进行重组与上市两种方式，然而重组发生在地方国企内部或者央企与地方国企间，少有私营企业参与；特别是重组后股权的多元化形式，本身是多家国企持股，遇到重大事件决策时主要话语权依然为国有股（张飞雁，2021）。学者们也针对这一阶段所表现出的"国进民退"特征展开讨论（葛兆强，2010；彭腾和詹博，2010；杨春学和杨新铭，2015）。

2013 年后，混合所有制改革进入新时期。通过过往数十年的实践，改革有助于提高生产力水平，实现公有制同市场经济有机结合。但过去改革实践中国有股的"一股独大"等问题影响了改革效果，为着手解决这一问题，以混合所有制为核心的国有企业改革进一步深化混合所有制经济发展。党的十八届三中全会明确提出积极发展混合所有制经济。2015 年中共中央、国务院在《关于深化国有企业改革的指导意见》中指出稳妥推动国有企业混合所有制改革，实现各种所有制资本取长补短、相互促进、共同发展目标。2017 年党的十九大对国有企业发展，特别是混合所有制企业发展提出了更高要求，"深化国有企业改革，发展混合所有制经济，培育具有全球竞争力的世界一流企业"，国有企业运行效率与国有企业发展将提到一个新高度。在这一阶段，针对国有企业混合所有制展开的研究逐渐增多，多数集中在以下四个方面。

一、混合所有制改革对企业全要素生产率的影响

周中胜（2011）利用 1999~2004 年沪深上市公司数据，通过考察公司治理与企业资源配置效率得出结论，国企混改解决了过去一种资本独大致使企业生产效率低下问题，企业政策性负担减轻，行业整体治理能力提升，资源整体配置效率大幅提升，进而全要素生产率得到提升。盛丰（2012）运用差分法考察后发现，国有企业改革能有效地提升生产效率。刘晔等（2016）利用 2001~2007 年中国工业企业数据库分行业考察了国有企业混合所有制改革对企业全要素生产率的影响，其实证结果表明当其他资本进入国有企业时，能够充分激发企业活力；且国有控股型混改对企业效率的提高大于完全私有化。熊爱华和张质彬（2020）通过分析制造业上市公司 2008~2017 年的数据发现，国有企业在引入非国有资本后企业全要素生产率有所提升，但对企业的金融化具有明显的挤出作用。盛明泉等（2021）以 2009~2018 年沪深 A 股国有上市公司为样本，研究发现国有企业混合所有制改革通过资源配置的优化和创新投入的增加实现全要素生产率的提升，低杠杆政策的实施使混合所有制改革对企业全要素生产率有显著促进作用。

二、混合所有制改革对企业创新的影响

赵放和刘雅君（2016）利用 2010~2014 年高科技产业企业数据进行实证检验后发现，国企混改能够显著提升企业创新研发效率。朱磊等（2019）利用 A 股 2013~2017 年国有上市公司数据，发现股权多样、股权融合程度越高的企业创新水平越高，即国企混改对企业创新具有显著促进作用。杨运杰等（2020）利用 1998~2007 年中国工业企业数据库研究混合所有制改革对国有企业创新水平的影响，发现混合所有制改革对国有企业创新具有正向影响，以政府补贴和降低企业管理成本两个渠道提升企业创新水平。李增福等（2021）研究发现非国有资本参股对于国有企业技术创新有正向促进作用，主要路径是通过内部控制的加强与高管薪酬的激励实现技术创新。

三、混合所有制改革对企业投资效率的影响

赵璨等（2021）通过分析 2010～2016 年 A 股上市公司数据，发现混合所有制改革能有效提高企业投资效率；进一步从不同产权性质入手对企业进行混合所有制改革的效应进行研究后发现：国有企业进行混合所有制改革表现出的"治理效应"能够显著降低股东与经理层的代理成本，而私营企业进行混合所有制改革表现出的"资源效应"通过降低企业融资约束实现投资效率的提升。李井林（2021）从混合所有制改革对股权的多样性与其融合度双重视角出发，发现混合所有制改革产生的多样性股权主体与股权主体间的制衡度，能够提升国有企业投资效率；同时发现通过混合所有制改革可以提升公司治理水平进而实现国有企业投资效率的提升。

四、混合所有制改革对企业风险水平的影响

姬新龙和马宁（2019）通过分析 2000～2015 年在深交所上市的 381 家公司样本，发现非混合所有制企业股票收益波动低于混合所有制企业；混合所有制国有控股企业风险水平较低，混合所有制民营控股企业风险较高。王丽丽和陈霞（2020）通过实证检验得出混合所有制改革对企业风险承担有促进作用，但这种促进作用可能会被高管的政治关联弱化。蹇亚兰和许为宾（2021）通过 PSM-DID 方法以行业调整后的企业盈利波动性表征企业风险承担水平，实证得出混合所有制改革对国有企业风险承担水平有积极作用。

基于以上学者的研究，本书借鉴祁怀锦等（2019）、李文兴和汤一用（2021）对混合所有制改革的概念界定，混合所有制改革是通过多种所有制资本的融入，以国有企业中引入非国有资本、私营企业吸收国有资本投资为主要方式构建更加完善的现代企业制度。总结上述文献，可以发现关于混合所有制改革的相关研究多数围绕着混改影响企业生产结构进而影响其内部资源的分配，关于混合所有制改革对社会福利的影响目前相关文章较少。当前我国生态文明建设与生态环境保护正处于压力叠加、负重前行的关键阶段，企业不仅是市场经济的主体也是环境保护的主体，是污染治理的责任人。因此在市场中的任何企业，无论股份占比多少、企业规模大小，都应当履行社会责任，尽到环境保护、达标排放、合规排放的义务。

第三节　混改对企业环境行为的影响研究

随着国有企业混合所有制改革在我国进入新发展阶段，研究方向的拓展不能仅局限于企业效率的改善，社会福利水平的改善也值得关注。关于环境污染的研究又进入混合寡头市场这一新的方向，即由国有企业与私营企业组成的寡头市场，国有企业在生产经营过程中要兼顾社会福利，私营企业单纯追求自身利润最大化。从理论方面来看，学者们开始对私有化与环境污染的关系进行展开分析，Beladi 和 Chao（2006）是较早将产权多元化与环境税放到一个分析框架内进行理论研究的，通过古诺模型分析了为实现利润最大化，产权多元化企业会降低产出，减少污染；但与此同时鼓励降低税率会增加环境污染，这一矛盾的结果揭示了产权多元化与环境污染并不是简单的线性关系。Bercena-Ruiz 和 Garzon（2006）研究认为，政府是否对一家国有企业进行私有化，是由政府的环境政策所决定的；当政府设定的环境税税率限制企业排污行为时，虽然混合寡头市场中负外部性更高，但税率可能在私有寡头市场较高，而在混合寡头市场中较低。Kato（2006）研究认为，在混合寡头市场模型下，当国有企业生产函数处于较小凸度时，通过比较污染排放税的不同经济效应，政府采用不可交易以及可交易的排污许可证，能使社会福利得到改善。国内学者探索混合所有制改革对企业环境行为影响的相关研究并不多，但从所有制结构变动上来看，有学者对发展中国家的国有企业股份制改革的影响水平进行分析。徐有俊等（2010）通过分析两部门经济结构在一般均衡框架下，国有企业股份比例以及环境税率的变化对工业产品的产量、社会失业水平以及社会福利的影响发现，资本租金、工资率的变化影响企业产出水平，在政府设定环境税税率和国有控股比例情形下，私有控股比例下降，政府减少税收，企业产量增加，企业会更关心社会福利水平，通过雇用更多的工人降低社会失业水平。

从实证层面来看，大部分学者研究企业所有制结构与环境的关系是从微观角度展开的。Wang 和 Wheeler（2003）从宏观角度对我国国有企业的环境污染效应进行了实证研究，结果表明我国国有企业的环境污染效应为负。卢现祥和许晶（2012）利用 2003~2009 年省级面板数据，对国有企业、私营企业和外商及港澳台企业与区域工业污染之间的关系进行实证研究发现，国有企业、私营企业和外商及港澳台企业的环境污染效应均为正，三类企业发展均会导致环境状况恶化；征收排污税可以改善环境，工业污染治理资金投入并未带来相应的环保效益。杨帆等（2016）利用2005~2009年中国工业企业数据库中产业层面的数据，从产业集聚创造外部规模经济的视角进行实证研究，发现在产业中国有企业与集体所有制企业占比越高，污染减排效应越明显；在私营与外商独资企业集中的产业中，污染排放强度更高。岳立和李娇娇（2019）通过测算2005~2015年30个省份的绿色全要素生产率，利用Tobit模型实证分析了所有制结构对绿色全要素生产率的影响，发现所有制结构对绿色全要素生产率有正向促进作用，国有企业比其他所有制企业更能加快绿色全要素生产率的增长。李佳佳和罗能生（2019）同样利用省级面板数据，研究所有制结构对环境污染的影响，并发现所有制结构对环境污染的影响在不同市场化进程中差异较为明显。相关研究较少可能是由于近年来对污染排放影响因素的分析主要集中在宏观层面与行业层面，而在微观层面，企业能源利用和污染排放数据缺失，使学者们关注企业污染排放的影响机制较少。孙博文和张政（2021）将中国工业企业数据库与中国工业企业污染数据库进行匹配后发现国企混改对碳减排有显著的负向影响，并发现能源效率提升是国企混改碳减排效应提升的重要机制渠道。王世强（2021）则是从理论层面入手，构建了国有企业与民营竞争者共存的混合寡头竞争市场模型，在模型中，两类企业根据自身目标和生产及治污成本选择最优产量与治污量，政府选择最优民营化程度与环保税税率以最大化社会福利，以此判断混合所有制改革与最优民营化程度的关系。而在其余的研究中，大多只是将产权结构作为一个控制变量纳入实证模型中，并没有深入的分析和讨论。

本章小结

本章借助文献计量软件CiteSpace以及可视化工具NoteExpress，同时采用共词分析与聚类分析相结合的文献计量方法，对CNKI数据库中混合所有制改革领域的中文文献进行统计计量、分类排序，具体描述了2006~2021年我国混合所有制改革领域的研究状况、关注的研究热点和新颖的研究方向。从文献计量的角度，为混改背景下基础科学的研究提供近年来相关资料的整合与分类，以期在未来的学科研究中起到辅助性导向作用。同时，本章还对混合所有制改革的治理效果做了相关文献的综述，尤其是混改对企业环境行为的影响。

| 第三章 |

混合所有制改革的历史演进

第一节　国企放权让利阶段（1979~1984年）

所有制改革首先从农村开始。1978年冬，安徽、四川的部分农村试行包产到户、包产到组的生产责任制并收到良好效果。1980年9月，中央下发《关于进一步加强和完善农业生产责任制的几个问题》，及时总结和肯定了人民群众的创举。1982年1月，中央批转《全国农村工作会议纪要》，指出农村实行的各种责任制都是社会主义集体经济的生产责任制。1983年1月，中央发布《当前农村经济政策的若干问题》，指出联产承包制是马克思主义农业合作化理论在我国实践中的新发展。到1984年，全国几乎所有的生产队都实现了不同形式的家庭联产承包责任制。家庭联产承包责任制的确立，解放了农村劳动力，粮食产量逐年提高。

在农村家庭联产承包制的基础上，乡镇企业也迅速发展起来。1978年，中央通过《关于加快农村发展若干问题的决议》，指出社队企业是我国国民经济的重要组成部分，支持社队企业的发展。1979年7月，国务院颁布《关于发展社队企业若干问题的规定》，首次以法规形式肯定了社队企业在我国政治和经济中的地位。1979年9月，党的十一届四中全会正式通过《关于加快农业发展若干问题的决定草案》和《农村人民公社工作条例（试行草案）》，提出"社队企业要有一个大发展，到1985年社队企业的总产值占三级经济收入的比重，要由现在的20%提高到一半以上"。1984年3月，国务院通过《关于开创社队企业新局面的报告》，将原有"社队企业"名称更改为"乡镇企业"，规定了乡镇企业的内涵，即乡镇企业是社乡队村举办的企业，部分社员联营的合作制企业，其他形式的合作制企业和个体企业，这个决议为乡镇企业的迅速崛起发挥了重要而积极的推动作用。

经过"文化大革命"时期的重创，国有企业遭到严重的破坏。1978年12月，党的十一届三中全会明确指出："我国经济管理体制的一个严重缺陷就是权力过于集中，应该大胆下放，让地方和企业有更多的经营管理自主权。"自此，我国国有企业改革走出了第一步。1979年7月，国务院颁发《关于扩大国营工业企业经营管理自主权的若干规定》《关于国营企业实行利润留成的规定》《关于开征国营工业企业固定资产税的暂行规定》等五个文件，并在少数国营工、交企业组织试点。①扩大企业自主权试点，是改革的一个重要步骤，对于调动企业和职工的积极性、搞活经济起到了一定的促进作用。截至1980年6月底，全国试点企业已达6000多个，这些企业上半年的产值和利润分别占全年的60%和70%。1980年9月，国务院批转国家经委《关于扩大企业自主权试点工作情况和今后意见的报告》，批准从1981年起，在国营工业企业中全面推开扩大企业自主权的工作，使企业在人、财、物、产、供、销等方面，拥有更大的自主权。1984年5月10日，国务院又发出《关于进一步扩大国营工业企业自主权的暂行规定》，进一步下放了生产经营计划、产品销售、产品价格、物资设置、人事劳动管理、工资奖金、联合经营等方面的权力，有效地解决了国家和企业的分配关系，进一步调动了企业和职工的积极性，搞活了经济，提高了效益。

1979~1984年，无论是农村、乡镇企业，还是国有企业，改革的主基调就是放权让利，因为这几个主体之所以缺乏活力与效率，就是因为管得过多、统得过死。在农村，放权让利提高了农民生产积极性和农业生产效率，奠定了农村改革的基础；在乡镇企业，放权让利也显著提高了乡镇企业的经营效率，为后来私营企业的发展打下了坚实的地基；但在国有企业，扩大企业自主权并没有取得预期的成功，主流意见认为，这是因为扩权让利不足，于是主张把农村改革的"承包"方式引入企业。

这期间，外资也得到了试验性进展。1978年，党的十一届三中全会初步确立以利用外资和建立涉外企业为主要内容的对外开放方针。1979年7月，全国人大五届二中全会又通过了《中华人民共和国中外合资经营企业法》，同时建立了深圳蛇口工业区。1980年10月至1981年11月，又先后建立了珠海、厦门和汕头经济特区，引进和利用外资迈出了实质性的一步，开始大胆

---

① 吴敬琏. 当代中国经济改革 [M]. 上海：上海远东出版社，2004.

地进行政策实践。1983 年 5 月，国务院在北京召开第一次利用外资工作会议，强调要放宽政策，办好中外合资企业。同年 9 月，国务院发出《关于加强利用外资工作的指示》，重申利用外资、引进先进技术对加快国民经济建设的重要意义，指出要把利用外资作为发展经济的长期方针，积极吸收外国政府和国际金融组织中低利率的中长期贷款，用于重点项目和基础设施的建设，同时重视吸收外国直接投资以加快现有企业的技术改造。1984 年 2 月，邓小平在视察深圳、珠海和厦门三个经济特区时发表重要讲话，充分肯定经济特区所取得的成绩和政策的正确性，明确了进一步扩大对外开放、加快利用外资、引进技术的战略方针。总的来说，这一阶段我国自上而下地制定并推行对内改革和对外开放的经济发展战略，打破了长期以来自我封闭、思想禁锢的状态，由排斥外资转向积极主动地引进和利用外资。①

第二节　国企强化经营权阶段（1985~1992 年）

1984 年之后，改革重点从农村转移到城市，国有企业承包经营责任制作为强化经营权的一种特殊形式，成为改革的主题。早在 1983 年初，就有人提出"包字进城，一包就灵"的口号。短短两三个月，全国国营企业普遍实行了利润包干制，②但很快导致了经济秩序的混乱和物价的上涨。③ 1984 年 10 月，党的十二届三中全会通过了《中共中央关于经济体制改革的决定》，明确了国企改革的目标是使企业真正成为相对独立的经济实体，成为自主经营、自负盈亏的社会主义商品生产者和经营者，具有自我改造和自我发展能力，成为具有一定权利和义务的法人，并在此基础上建立多种形式的经济责任制，强化企业经营权得以明确。1986 年，政府正式提出承包制经营模式，规定了"包死基数，确保上交，超收多留，欠收自补"的承包原则。1987 年 3 月，六届全国人大五次会议第一次明确肯定了承包制，真正意义上实现了国有企业经营权和所有权分离的新型经营模式。到 1987 年底，大部分国有企业都在不同程

---

① 巫云仙. 改革开放以来我国引进和利用外资政策的历史演进 [J]. 中共党史研究, 2009(7).
② 章迪诚. 中国国有企业改革编年史(1978-2005) [M]. 北京：中国工人出版社, 2006.
③ 吴敬琏. 当代中国经济改革 [M]. 上海：上海远东出版社, 2004.

度上实行了承包制，并在 1990 年承包合同到期时续签了承包合同。虽然承包制在当时取得了一定成绩，但问题也逐渐暴露出来。在经历三年的承包制试点改革后，突然出现部分国有企业效益再次严重下滑的情况，全国有 30% 的企业亏损，有些地区亏损企业的比重甚至高达 50%。1991 年 9 月，中央工作会议强调要转换企业经营机制。1992 年后，国务院就不再鼓励企业搞承包，这在一定程度上宣布了承包制改革的失败。

这期间，乡镇企业得到了继续发展。1985 年 9 月，中共中央在《关于制订国民经济和社会发展第七个五年计划的建议》中强调，"发展乡镇企业是振兴我国农村经济的必由之路"，要积极地"鼓励农民兴办乡镇企业"，赋予乡镇企业更多的经营自主权。1987 年，国家又开始建立乡镇企业试验区，山东省淄博市周村成为乡镇企业股份制改革的先行试验区，1988 年 4 月，这个试验区又由国务院批准成为全国农村改革试验区，媒体将周村的乡镇企业股份制改革尝试称为"周村现象"。到 1991 年，乡镇企业的总产值达到了 11621.7 亿元，首次突破了万亿元大关。①

经过一段时间的试验，吸引外资力政策进一步放松。1986 年 10 月，国务院发布了《关于鼓励外商投资的规定》，对外商投资企业，特别是先进技术企业和产品出口企业，在税收、土地使用费、劳务费、利润分配、生产经营的外部条件等方面给予特别优惠，并保障企业享有独立的经营自主权，按照国际通行办法进行经营和管理。随后，各地各部门出现了"外资优惠的竞争"。针对这种短视的引资行为，1987～1992 年，政府对引进和利用外资的政策进行了两次重大调整，调整的重点是明确引进和利用外资的原则、目的和方式。1987 年 3 月，六届全国人大五次会议的《政府工作报告》提出了利用外资的三条原则。② 1992 年，党的十四大报告指出，"必须进一步扩大对外开放，更多更好地利用国外资金、资源、技术和管理经验。对外开放的地域要扩大，形成多层次、多渠道全方位开放的格局。利用外资的领域要拓宽。采取更加灵活的方式，继续完善投资环境，为外商投资经营提供更方便的条件和更充分的法律保障"。同时，还制定和修订了利用外资的相关法律法规。例如，1986年颁布《中华人民共和国外资企业法》，1988 年颁布《中华人民共和国中外合作经营企业法》，1990 年修订《中华人民共和国中外合资经营企业法》，1991

---

① 国家统计局. 新中国五十五年统计资料汇编 [M]. 北京：中国统计出版社，2005.

② 巫云仙. 改革开放以来我国引进和利用外资政策的历史演进 [J]. 中共党史研究，2009(7).

年颁布《中华人民共和国外商投资企业和外国企业所得税法》。国家政策的调整对之前在引进和利用外资过程中存在的一哄而上、不求经济效益的短期政策行为进行了必要的纠正，也为后来的引资工作打下了良好的基础。①

第三节　国企转换经营机制阶段(1993~2002 年)

　　1993 年开始，中国国有企业改革的思路由放权让利、强化经营权转向了企业制度创新。1993 年 11 月，党的十四届三中全会通过《关于建立社会主义市场经济体制若干问题的决定》，提出深化国有企业改革必须"着力进行企业制度的创新"。1993 年 12 月，全国人大通过《中华人民共和国公司法》，并于1994 年 7 月 1 日实施。1999 年，党的十五届四中全会通过《关于国有企业改革和发展若干重大问题的决定》，对于国有大中型企业的公司化改制提出了新要求。2001 年以后，政府先后制定了《中华人民共和国上市公司治理准则》和《中华人民共和国证券法》，并且修改了《中华人民共和国公司法》和《中华人民共和国破产法》。

　　这一时期，国家从转换企业经营机制入手，试行股份合作制改革，揭开了公有制企业产权改革的序幕。集体企业产权改革进入一个全新的发展阶段，涌现出四川宜宾、山东诸城、广东顺德等多种形式的产权改革模式。大部分城镇集体企业实行股份制或股份合作制改造，允许集体资产转让、量化到个人，明晰企业产权关系，允许职工集资入股，实施按劳分配与按股分红相结合等，股份制与拍卖转私成为集体所有制改制的两种主要形式。明晰企业产权，明确现代企业制度是国有企业和集体企业改革的方向，各地在改革实践中，对集体所有制的产权制度、法人治理结构、决策监督机制等提出了一些思路和改革方案。1999 年宪法修正案明确"国家保护个体经济、私有经济的合法的权利和利益"，从而促使非公经济显著扩张。到 2001 年，个体和私营经济创造了 17.2% 的工业产值、10.6% 的税收和 10.2% 的城乡就业。②

---

① 巫云仙. 改革开放以来我国引进和利用外资政策的历史演进 [J]. 中共党史研究, 2009(7).
② 常修泽等. 所有制改革与创新——中国所有制结构改革 40 年 [M]. 广州：广东经济出版社, 2018.

1993~2002 年，我国外资战略也开始转变。1992 年春，邓小平发表影响深远的南方谈话，我国对外开放和利用外资的实践进入到从慢行到快速发展的轨道。在引进和利用外资的过程中，政府逐步从鼓励和优惠政策向互利共赢的开放战略转变，形成互利双赢的战略思维，这既符合我国的根本利益，又能促进共同发展。[①]总的来说，这段时间的中国政府在对待外资的态度上不再仅仅追求数量增长，而是更加关注外资利用的效率和质量。

第四节　国企战略性调整阶段（2003~2011 年）

2002 年 11 月，党的十六大确定深化国有资产管理体制改革，要求中央和各省、自治区、直辖市设立国有资产监管机构，坚持政企分离。2003 年 3 月，国务院国有资产监督管理委员会（以下简称国资委）成立，代表中央政府履行国有资产出资人职责，从而填补了国有企业出资人角色的空缺，并统一了中央政府对国有企业管人、管事和管资产的权力。同年 5 月，《企业国有资产监督管理暂行条例》生效，从法律上确立了国有资产监督管理机构的职能属性。国资委成立后明确所管辖的大型国有企业要吸引外资和社会资金，实行产权多元化，鼓励和支持企业上市募集资金。同时，中央政府继续完善对国有大中型企业现代企业制度的改革，推进国有企业股份制改革，并按照《中华人民共和国企业国有资产法》和《中华人民共和国公司法》的要求，在国有企业中建立董事会、监事会等职能机构，进一步完善了国有企业的现代企业组织架构。2003 年 10 月，党的第十六届三中全会通过了《中共中央关于完善社会主义市场经济体制若干问题的决定》，提出要"大力发展国有资本、集体资本和非公有资本等参股的混合所有制经济，实现投资主体多元化"，会议还强调对垄断行业"要放宽市场准入，引入竞争机制"，将进一步完善公有制为主体、多种所有制经济共同发展的基本经济制度列为完善社会主义市场经济体制的重要任务之一，而国有经济布局的战略性调整是其重要的内容。

2003 年 10 月，党的十六届三中全会进一步明确"放宽市场准入"和"享受同等待遇"，"允许非公有资本进入法律法规未禁入的基础设施、公用事业及

---

① 巫云仙. 改革开放以来我国引进和利用外资政策的历史演进 [J]. 中共党史研究，2009（7）.

其他行业和领域";2005年2月和2010年5月,国务院发布两个"非公经济发展36条";2007年3月,《中华人民共和国物权法》颁布,对保护私有产权作了详细规定。这些政策措施大大促进了私营企业的发展。据全国工商联统计,2012年,民营经济创造的GDP占比达到60%,贡献了80%的就业岗位,创造了50%的税收,成为国民经济的重要支撑。

2001年12月,中国加入世界贸易组织(WTO)后,中国修改相关法律规则,大幅降低关税,取消大部分非关税壁垒,使外资引入的质量和结构大大优化,服务业、资金和技术密集产业成为外资进入的主要领域。2003年出台《外国投资者并购境内企业暂行规定》,2006年出台《关于外国投资者并购境内企业的规定》,促使跨国公司通过收购、入股和资产互换等方式并购境内企业,国内企业特别是大型国企呈现扩张之势。[①]

第五节　国企深化改革阶段(2012~2015年)

从限制私有制经济发展到改造私有制经济,从承认非公有制经济到发展混合所有制经济,混合所有制经济发展经历了多个阶段的历史变迁,在社会经济发展中发挥着举足轻重的作用。1993年,党的十四届三中全会作出"建立社会主义市场经济体制"的决定,明确指出"坚持公有制为主体,多种经济成分共同发展的方针"。在这次会议决定中第一次出现"混合所有"的字样,但还仅仅认为是一种新的"财产所有结构",并没有确认其为一种所有制形式。直到1997年党的十五大明确指出"股份制是现代企业的一种资本组织形式",并且由"混合所有"上升为"混合所有制经济",确认了这种经济的公有制性质。2002年,党的十六大更明确指出中国经济改革的目标任务是"完善"社会主义市场经济体制,作为"完善"的一项具体要求提出了"积极推行股份制,发展混合所有制经济"。2007年,党的十七大指出"以现代产权制度为基础,发展混合所有制经济"。

---

① 常修泽等. 所有制改革与创新——中国所有制结构改革40年 [M]. 广州:广东经济出版社,2018.

在 2012 年以前，尽管也有部分文件提到过"混合经济"的概念，但真正将"混合所有制"上升到一定高度是在 2012 年以后。2012 年 11 月，中共十八大明确提出"保证各种所有制经济依法平等使用生产要素，公平参与市场竞争，同等受到法律保护"。2013 年 11 月，党的十八届三中全会通过《中共中央关于全面深化改革若干重大问题的决定》，明确指出"混合所有制经济是中国基本经济制度的重要实现形式"。这是在党的十五大指出"混合所有制经济是公有制的实现形式"的基础上，在理论和政策上又提升了一步。2015 年 9 月，国务院印发《关于国有企业发展混合所有制经济的意见》，对国企混改之路提出了具体要求。

第六节 混改试点先行阶段（2016 年至今）

2016 年是混改试点元年，一系列政策相继出台，在供给侧改革大背景下，混改被赋予了十分重要的意义。2016 年初，国务院国资委提出在电力、石油、天然气、铁路、民航、电信、军工等重要领域推进混合所有制改革试点工作。2016 年 10 月，确定了首批试点企业。

2016 年 11 月，《中共中央、国务院关于完善产权保护制度依法保护产权的意见》发布，强调要"加强各种所有制经济产权保护"。尽管因时间较短，落实还不太尽如人意，但对民营经济发展无疑具有重要意义。2017 年，党的十九大报告明确指出，"深化国有企业改革，发展混合所有制经济，培育具有全球竞争力的世界一流企业"，一系列顶层设计凸显了发展混合所有制经济的重要地位和作用。截至 2022 年底，中央企业累计引入各类社会资本超过 9000亿元，中央企业各级子企业中混合所有制企业户数占比超过 75%，较 2012 年提高 20 多个百分点；非公资本占央企所有者权益比重逾 38%，央企对外参股企业超过 6000 户，国有资本投资额超过 4000 亿元。

2018 年 9 月 18 日，国家发展改革委等 8 个部门联合发布《关于深化混合所有制改革试点若干政策的意见》（以下简称《意见》），内容主要涉及国有资产定价机制、职工劳动关系、土地处置和变更登记、员工持股、集团公司层面开展混合所有制改革、试点联动、财税支持政策、工资总额管理制度等。《意见》指出，"要积极探索中央企业集团公司层面开展混合所有制改革的可行路径，国务院国资委审核中央企业申请改革试点的方案，按程序报国务院批准后开展试点，鼓励探索解决集团层面混合所有制改革后国有股由谁持有等现实问题的可行路径，积极支持各地省属国有企业集团公司开展混合所有制改革"。

自 2016 年国家发展改革委、国务院国资委牵头开展国企混改试点至今，已先后推出了 4 批共 208 家试点，见表 3-1。从第一批的 9 家混改试点到第四批的 160 家试点，混改试点企业由点向面梯次铺开、范围全面扩大，呈现明显加速、向纵深推进的态势。特别是 2020 年 6 月《国企改革三年行动方案（2020—2022 年）》发布以来，混改进入新一轮提速升级，多数国企在混改阶段性任务完成的基础上，重点转入市场化机制改革，市场发展机制逐渐建立并完善，混改企业利益相关者的权责利关系得到优化与调整，企业活力被激活，整体效益得到明显提高。

表 3-1 四批混改试点情况

批次	时间	企业数量	企业情况
第一批	2016 年 8 月	9	国家开发投资公司、中粮集团、中国医药集团总公司、中国建筑集团有限公司、中国技能环保集团公司、新兴际华集团有限公司
第二批	2017 年 3 月	10	中国长江三峡集团公司新设混合所有制配售电公司、中车产业投资有限公司、中国国际货运航空有限公司、中航信移动科技有限公司、中国联合网络通信股份有限公司、中国核燃料有限公司、湖南航天有限责任公司、中国盐业股份有限公司、中国黄金集团黄金珠宝有限公司、中粮资本投资有限公司
第三批	2017 年 12 月	31	中央企业系统 10 家，地方企业 21 家
第四批	2019 年 5 月	160	中央企业系统 107 家，地方企业 53 家

资料来源：相关信息由笔者整理获得。

本章小结

在改革开放 40 多年的历程中，所有制改革一直是我国经济体制改革的重点、难点和热点，关于所有制改革的理论争论和实践探索贯穿了中国经济体制改革的整个进程。改革开放以来，我国所有制结构改革大致分为五个阶段，分别为国企放权让利，非国企开始萌生；国企强化经营权，非国企由点到面发展；国企转换经营机制，非国企继续拓展；国企战略性调整，非国企优化发展；国企深化改革，非国企产权加强保护。党的十八届三中全会提出要"积极发展混合所有制"，指出混合所有制是社会主义"基本经济制度的重要实现形式"。对于中国来说，发展混合所有制无疑主要是针对国有企业改革而言的。其实，国有企业发展混合所有制无论从理论上还是从改革实践上，都不是一个新概念，党的十八届三中全会只是"重提"而已。然而，"重提"却有着深刻的两个含义。"混改"的重点在于"改"，"改"的本质是使国有企业产生持久的活力和竞争力。

| 第四章 |

混改影响企业环境行为的理论分析

第一节　模型设定

如何发展混合所有制经济、提升混合所有制企业的生产效率一直是学界不断摸索与探讨的话题，随着研究的深入以及环境经济学研究领域的拓宽，混合所有制改革对环境行为的影响开始逐渐进入公众视野。无论是国有企业还是私营企业，在混合所有制改革背景下，企业的环保行为都不能一概而论。特别是从行业角度看，不同涉污行业因自身特征差异，产生的污染数量种类也不同。因此政府目标在设定时需要考虑不同行业，即混改比例的恰当。根据上述现状，本章构建一个混合寡头竞争市场。两类企业依据自身目标与生产状况选择最优产量和排污量缴纳环保税；政府通过确定改革比例与环保税税率从而最大化社会福利。

选择混合寡头模型的主要原因是关于国企问题的相关研究多数从该模型中展开。在早期文献当中，Merrill 和 Schneider（1966）首先在寡头竞争模型引入国有企业探索社会福利的最大化，研究发现国有企业有力约束民营竞争者的垄断势力。近年来，关于国有企业研究的一个热点是讨论混合所有制改革中国有企业的民营比重问题，Matsumura（1998）在构建一个混合寡头模型中假设市场由一个私有化企业和一个部分国有化企业组成，两者关注点分别是以利润最大化为目标和社会福利兼顾利润最大化，研究结论认为，企业的全部私有化或者全部国有化无法实现社会最优。Heywood（2017）在此基础上基于信息不对称研究最优比重对社会福利的影响程度。国内在相关理论研究方面也取得一定进展，陈俊龙和汤吉军（2016）对国有企业分类改革与混合所有制改革两大热点进行结合并分析，徐璐和叶光亮（2018）在混合寡头模型框架下对跨国专利授权问题进行分析。

在本章考察市场中由一个国有企业 1 和一个私营企业 2 组成，两者生产同质产品在产量上展开竞争。

沿用 Singh 和 Vives（1984）的做法，假设消费者的效用函数为：

$$U(q_1, q_2) = (q_1 + q_2) - \frac{1}{2}(q_1 + q_2)^2 \tag{4-1}$$

其中，q_1 和 q_2 分别表示国有企业的产量和私营企业的产量。令 p 表示产品价格，则消费者剩余（CS）可以表示为 $CS = U - \sum_{i=1}^{2} pq_i$。依据消费者剩余求解市场需求函数。

$$p = 1 - q_1 - q_2 \tag{4-2}$$

从企业成本角度考虑，遵循 Dasgupta（1996）对成本函数的设定，不考虑企业市场进入问题。假设固定成本为 0，设定企业生产技术相同，每单位产量均会带来污染，q_i 表示企业污染产生量，则企业的成本函数为 $C(q_i) = q_i^2$。由于国有企业与私营企业在生产过程中会产出污染物，假定污染物的排放和产量之间关系为 $e_i = q_i - a_i$，其中，a_i 表示企业自身的减排量，e_i 表示企业最终的排放量。企业减排成本为 $2a_i^2/2$。生产的负外部性对社会福利造成的经济损失为 $D = \frac{(e_1 + e_2)^2}{2}$。如果企业要缴纳环境税，那么企业分别需要缴纳的环境税额为 te_i。

由此可得两家企业的利润函数为：

$$\pi_i = pq_i - q_i^2 - te_i - \frac{a_i^2}{2} \tag{4-3}$$

此时，社会福利可以表示为：

$$W = CS + \pi_1 + \pi_2 + t(e_1 + e_2) - \frac{(e_1 + e_2)^2}{2} \tag{4-4}$$

殷军等（2016）认为，在国有企业混合所有制改革背景下，企业与管理层的关系是典型的委托代理关系：国有企业的背后由政府主导，它会要求国有企业实现社会福利最大化的目标即消费者剩余和生产者剩余的最大化；而私营企业背后为单一股东，它会要求企业实现利润最大化。因此根据现有文献，设定国有企业的目标函数需要将社会福利最大化纳入其中，则有：

$$G = \delta\pi + (1 - \delta)W \tag{4-5}$$

其中，δ 表示企业的国有比重，δ 越大国有企业比重越高，也意味着其更加关注社会福利水平；$\delta \in (0, 1)$。

本章构造一个两阶段的博弈模型：在第一阶段主要考察政府环境规制（确定环境税税率）对企业行为的影响以及混合所有制比重的设定；在第二阶段，考察私营企业与国有企业的决策。企业之间进行产量竞争，确定产量和污染物减排量。

第二节 模型求解

根据逆推法（Backward Induction），先从博弈第二阶段求解企业在竞争环境下企业产量。根据国有企业目标函数极大化后的一阶条件可得：

$$\begin{cases} \dfrac{\partial G}{\partial q_1} = 1 - 2q_1 - \lambda q_2 - t = 0 \\[2mm] \dfrac{\partial G}{\partial q_2} = 1 - q_1 - 3q_2 - t = 0 \end{cases} \quad (4-6)$$

$$\begin{cases} \dfrac{\partial G}{\partial a_1} = t - a_1 = 0 \\[2mm] \dfrac{\partial G}{\partial a_2} = t - a_2 = 0 \end{cases} \quad (4-7)$$

联立式（4-6）与式（4-7）求解，得出：

$$\begin{cases} a_1 = a_2 = t \\[2mm] q_1 = \dfrac{2(1-t)}{5+3\delta} \\[3mm] q_2 = \dfrac{(1+\delta)(1-t)}{5+3\delta} \end{cases} \quad (4-8)$$

通过式（4-8）可得阶段二对产量展开竞争的结果：

$$\begin{cases} \dfrac{\partial q_1}{\partial t} = \dfrac{2}{5+3\delta} \\[3mm] \dfrac{\partial q_2}{\partial t} = -\dfrac{(1+\delta)}{5+3\delta} \end{cases} \tag{4-9}$$

根据式(4-9)可以看出，政府的环境规制政策即开征环境税对国有企业有促进作用，对私营企业具有抑制作用。国有企业的产量随环境规制水平的提升而增加，私营企业的产量随环境规制水平的提升而降低。

把式(4-8)代入式(4-4)，得到：

$$W = \frac{54t - 186t^2 + \delta(17 + 74t - 250t^2) + \delta^2(4+12t)}{4(6+2\delta)^2} \tag{4-10}$$

对式(4-10)求关于 t 的一阶导数，求解均衡时最优环境税率 t。

$$t^* = \frac{49 + 6\delta + 7\delta^2}{250 + 196\delta + 43\delta^2} \tag{4-11}$$

对式(4-11)求关于 δ 的一阶导数，得到：

$$\frac{\partial t^*}{\partial \delta} = -\frac{32(74 + 48\delta + 6\delta^2)}{(250 + 196\delta + 43\delta^2)^2} < 0 \tag{4-12}$$

这一结果证明了最优环境税率的设定随企业改制比重的增加而减少；这可能是由于改制比重的提高，企业不仅关注社会福利最大化也同时关注企业利润，那么产量降低企业减排量下降，环境税税率也降低了。

回到第一阶段，把式(4-11)代入式(4-8)中，得到：

$$\begin{cases} q_1 = \dfrac{69 + 54\delta}{250 + 196\delta + 43\delta^2} \\[3mm] q_2 = \dfrac{(1+\delta)(29+8\delta)}{250 + 196\delta + 43\delta^2} \end{cases} \tag{4-13}$$

进一步求解得出：

$$\begin{cases} \pi_1 = \dfrac{1973+1439\delta+2413\delta^2+4\delta^2}{(250+196\delta+43\delta^2)^2} \\[3mm] \pi_2 = \dfrac{15142\delta+17213\delta+5231\delta^3+1249\delta^4}{2(250+196\delta+43\delta^2)^2} \\[3mm] CS = \dfrac{13(74+96\delta+5\delta^2)^2}{2(250+196\delta+43\delta^2)^2} \end{cases} \qquad (4\text{-}14)$$

把以上结果代入表达式，求解 E。

$$E = e_1 + e_2 = \frac{41+9\delta^2+49\delta}{250+196\delta+43\delta^2} \qquad (4\text{-}15)$$

对式(4-15)求关于 δ 的一阶偏导：

$$\frac{dE}{d\delta} = -\frac{36\delta(64\delta^2+155)}{(250+196\delta+43\delta^2)^2} \qquad (4\text{-}16)$$

通过对式(4-16)进行求解，可得出最优改制比重 δ^*，利用 Matlab 求解该值可得 $\delta^* = 0.36396$。最优国有比重与地区的污染物排放关系可理解为：当 $\delta>0.36396$ 时，$\partial E/\partial\delta<0$，即当国有企业占比超过一定程度后，随着比重的增加会使社会污染物排放水平下降；相反地，如果企业中 $\delta<0.36396$，那么社会中的污染物将会增加。根据以上分析结果，提出如下理论结论：混合所有制改革程度越高，社会福利改善越大，污染排放越少。

由于环境水平的提高需要改制比例达到一定阶段才能实现，因此这反过来即证企业需要所有制改革方可实现社会福利最大化。前有研究认为企业进行混合所有制改革可能对环境产生负效应，依据 Beladi 和 Chao(2006)的观点，企业国有比重提高会使追求利润最大化的企业降低产出，同时使追求社会福利最大化的政府降低最优环境税率，环境税率的降低可能会使企业污染排放增加。但是，混合所有制改革可以促进企业成本加成率的提升，特别是在竞争度高的行业，改制后的企业作为价格接受者，成本加成率的提高使得企业技术效率得到改进，进而降低边际成本，这将会提升社会福利。除此以外，中国企业在改制的过程中释放了体制激励，公司治理水平提高，特别是企业的社会性负担与政策性负担降低，企业创新能力提升，带来社会福利的改善。因而就微观层面而言，国有企业混合所有制改革从传统的所有制模式通过引入激励机制以及优化企业内部结构，从而在技术进步的提高、能源结构的清洁化以及能源效率的提升方面，从产出角度减少污染排放，提高环境质量。

第三节 机理分析

考察企业混合所有制改革对企业环境行为影响，就微观层面而言，混合所有制改革可能通过引入激励机制以及优化企业内部治理结构、推动企业技术进步、能源结构清洁化以及能源效率提升三个方面促使企业实现污染减排。基于此，本章从三个传导机制展开研究。

一、混改通过促进技术进步实现污染减排

目前，国内外已有多数学者对技术进步与环境污染的关系展开研究。Jaffe 等（2002）认为，内生技术进步对经济增长与环境关系问题分析具有重要启示，技术进步可能会减少二氧化碳排放。Gerlagh（2007）认为，技术进步促进污染排放的主要路径有两条：一方面，技术进步将会降低碳价格，从而降低企业强制性减排的负担；另一方面，技术情景下的污染减排可能会产生学习收益，从而降低减排成本。国内相关研究虽起步略晚，但成果较为丰富。魏巍贤和杨芳（2010）将内生增长理论与环境污染模型相结合，研究发现技术进步对二氧化碳有显著促进作用，同时存在明显的地区差异。申萌等（2012）构建技术进步、经济增长与二氧化碳排放的内生增长理论模型，实证分析技术进步对环境污染有直接抑制作用。李凯杰和曲如晓（2012）利用 DEA-Malmquist 指数法测算全要素生产率作为技术进步指标，发现长期技术进步对碳排放产生抑制作用而短期作用不明显。尽管企业技术进步或全要素生产率提升可能是混合所有制改革实现污染减排的重要途径，但也有学者认为，污染减排与产出增长结合产生的回弹效应会抵消污染减排贡献（杨莉莎等，2019）。

二、混改通过改善企业能源结构实现污染减排

企业生产利用清洁能源将降低对以煤炭为主的高污染物的依赖，促进污

染物减排，对于产业结构升级、实现绿色高质量发展具有重要意义。《中国统计年鉴》数据显示，自1978年以来煤炭消费占中国能源消费总量的比重始终超过60%。鉴于中国早年发展重工业的背景以及在煤炭方面具有资源及价格优势，以煤炭为主的能源格局将在相当长时间内无法改变。从供需角度来看，清洁能源的大规模使用可以加速资本与劳动供给，推动行业整体清洁技术的进步，进一步促进碳减排。唐玲和杨正林(2009)利用实证对中国工业能源效率影响因素检验后发现，深化国有企业改革，可以从微观上强化企业激励机制，自觉节约稀缺资源，努力提高能源效率。孙博文和张政(2021)认为，产业链上游企业在能源革命推动下，应积极引入多元化股权，发挥市场机制的信息收集和资源配置功能，吸引更多清洁能源项目投资，助力传统化石能源产业升级。除此以外，混合所有制改革的推进更重要的是能够缓解企业融资约束，降低企业在使用清洁能源时带来的成本压力，减轻企业负担。

三、混改通过提高能源效率促进污染减排

提高现有能源的利用效率将会成为中国节能目标实现的重要途径(林伯强等，2012)。陈钊和陈乔伊(2019)注意到行业内部与企业间能源利用效率差异对于提升整体能源效率的意义，实证发现能源效率是减缓工业能耗增长的重要因素。韩超等(2020)研究发现，由于治污成本约束，国有企业以减产而非提高企业能源效率达到减排目的；非国有企业由于市场机制易灵活调整会有较好的减排成果。因此，国有企业经过混改后企业能源效率得到提升，在污染排放上可能会选择内生减排路径从而实现低碳发展。

本章小结

国有企业与私营企业作为参与混改的两大主体，由于其环保行为的个体差异与所处行业的不同，导致企业排污水平具有根本性差异；充分考虑混改比例将有助于更好刻画混改对企业环境行为的异质性影响。本章构建了一个基于混合寡头模型的理论框架，通过逆推法求解两阶段博弈模型：第一阶段为引入环境规制水平后最优混改比例的求解，第二阶段在企业产量竞争根据

环境规制水平求解污染物排放量。根据求解结果，我们发现混合所有制改革程度越高，污染排放水平的降低越有助于社会福利最大化。考虑中国现实情况，进一步机理分析结果表明，混改影响企业污染减排可能存在三种路径：企业技术进步、能源结构改善以及能源效率提升。其中，技术进步以降低生产原料成本使企业政策性负担降低，或是技术进步为企业带来的学习收益将会降低减排成本；混改通过积极引入多元化股权，资源得到优化配置，清洁能源项目将会影响企业传统能源结构，进而实现污染减排；此外，能源效率的提高将会降低工业整体能耗，混改使得目标企业及时调整生产策略从而达到减排效果。

第五章

国有工业企业环境行为的比较分析

第一节 样本说明与数据来源

本研究使用中国工业企业数据库(1998~2014 年)和中国工业企业污染排放数据库(1998~2014 年)匹配后的微观数据进行分析检验。关于中国工业企业数据库与工业企业污染排放数据库的匹配整合，具体做法为：根据企业名称和企业年份匹配工业企业数据库与工业企业污染库，对未匹配上的企业保留核心字段进行二次匹配，企业法人代码缺失、行政区代码缺失的企业进行手工补齐。

对于工业企业数据库的处理参照 Brandt 等(2012)和聂辉华等(2012)的方式，另外对样本进行了如下剔除：①工业总产值、总资产、固定资产缺失或为负值的样本；②从业人数小于 8 的样本；③工业总产值小于工业增加值、累计折旧小于本年折旧、总资产小于或等于固定资产净值的异常样本；④存活小于两年的样本。同时，对所有连续数据进行 Winsor 处理。对工业企业污染数据库的处理参照孙博文和张政(2021)的做法，对于1998~2000 年的煤炭缺失数据利用原料煤和燃料煤进行加总代替，对于天然气数据的缺失利用洁净燃气来代替，并进一步删除污染数据小于 0 的样本。

第二节　污染排放总量的比较分析

一、总体情况

以废水、二氧化硫、化学需氧量作为主要污染物，1998~2014 年国有工业企业的污染排放总量如图 5-1 所示。可以看出，国有工业企业的废水排放量在 2001 年前呈明显上升趋势，2001 年的废水排放量达到峰值（3857.8 千吨），2002 年开始逐年下降趋势，直至 2014 年下降到样本期的最小排放量（865.1 千吨）。二氧化硫排放量在 1998~2014 年总体保持在每年 1000 吨左右的排放水平，其中，2003~2010 年排放水平接近或超过 1500 吨，2010 年二氧化硫排放总量达到峰值（2116.5 吨），之后便呈现出不断下降的趋势。化学需氧量在 1998~2014 年的排放水平每年都低于 500 吨，2003 年达到排放峰值（363.3 吨），之后每年的排放量呈现出明显的下降趋势，2014 年排放总量降至 77.4 吨。总体来看，1998~2014 年我国国有工业企业的主要特征污染物排放总量都在达到峰值后呈现出下降趋势，工业废水排放量的下降趋势最为明显，二氧化硫排放量虽然在样本期间内波动明显，但总体呈下降趋势。

二、行业比较

参考 2010 年 9 月 14 日原环境保护部公布的《上市公司环境信息披露指南》中规定的 16 类重污染行业，对照《第一次全国污染源普查公报》，对不同污染物的主要排放行业进行界定。化学需氧量排放量较多的前五个行业依次为造纸及纸制品业（C22）、纺织业（C17）、农副产品加工业（C13）、化学原料和化学制品制造业（C26）、饮料制造业（C12）；二氧化硫排放量较多的前五个行业依次为电力、热力生产和供应业（D44）、非金属和矿物制品业（C30）、黑色金属冶炼和压延加工业（C31）、化学原料及化学制品制造业（C26）、有色金属冶炼及压延加工业（C32）。

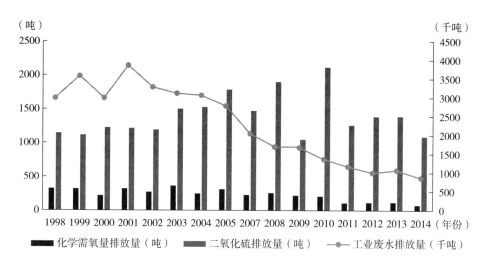

图 5-1　1998~2014 年国有工业企业污染排放总量比较

表 5-1 列出了造纸及纸制品业、纺织业、农副产品加工业、化学原料和化学制品制造业、饮料制造业这五个行业化学需氧量排放总量较多的前十家国有企业。可以看出：

（1）造纸及纸制品业中排放量较多的前十家国有企业分别为新疆天宏纸业股份有限公司、石岘造纸厂、金城造纸集团营口造纸有限责任公司、湖南岳阳纸业集团有限责任公司、广西柳江造纸厂、岳阳纸业集团沅江纸业、佳木斯纸业集团有限公司、乐山造纸厂、福建青州造纸厂、田阳县造纸厂。

（2）纺织业中排放量较多的前十家国有企业分别为常州蝶球纺织印染集团、扬州有机化工厂、湖南华升洞庭麻业有限公司、山西永济印染有限责任公司、兰州第四毛纺织厂、南京长江卫星毛纺织集团有限公司、山东魏桥纺织集团有限责任公司、四川南充六合（集团）有限责任公司、哈尔滨亚麻纺织厂、国营西北第一棉纺织厂。

（3）农副产品加工业中排放量较多的前十家国有企业分别为常州蝶球纺织印染集团、扬州有机化工厂、湖南华升洞庭麻业有限公司、山西永济印染有限责任公司、兰州第四毛纺织厂、南京长江卫星毛纺织集团有限公司、山东魏桥纺织集团有限责任公司、四川南充六合（集团）有限责任公司、哈尔滨亚麻纺织厂、国营西北第一棉纺织厂。

（4）化学原料和化学制品制造业中排放量较多的前十家国有企业分别为洪

江市二化工厂、巨化集团有限公司、湖南大乘资氮集团有限公司、湖南金信化工有限责任公司、湖南湘氮实业有限公司、中国石化集团南京化工厂、山西合成橡胶集团有限责任公司、长寿化工总厂、云梦县化肥厂、南宁化工集团有限公司。

(5)饮料制造业中排放量较多的前十家国有企业分别为哈尔滨酿酒总厂、宣化钟楼啤酒集团有限公司、四川沱牌集团有限公司、崇左县酒厂、青岛啤酒(兴凯湖)有限公司、天津市冠达实业总公司、张家口长城酿造(集团)有限责任公司、黑龙江北国啤酒集团有限公司、徐州房亭酒厂、四川全兴股份有限公司。

表 5-1　重点行业化学需氧量排放量较多的前十家国有企业

排序	造纸及纸制品业	纺织业	农副产品加工业	化学原料和化学制品制造业	饮料制造业
1	新疆天宏纸业股份有限公司	常州蝶球纺织印染集团	广西上上糖业有限公司	洪江市二化工厂	哈尔滨酿酒总厂
2	石岘造纸厂	扬州有机化工厂	江西泰和糖厂	巨化集团有限公司	宣化钟楼啤酒集团有限公司
3	金城造纸集团营口造纸有限责任公司	湖南华升洞庭麻业有限公司	保山市上江糖厂	湖南大乘资氮集团有限公司	四川沱牌集团有限公司
4	湖南岳阳纸业集团有限责任公司	山西永济印染有限责任公司	建平县第二糖厂	湖南金信化工有限责任公司	崇左县酒厂
5	广西柳江造纸厂	兰州第四毛纺织厂	广西农垦糖业集团昌菱制糖有限公司	湖南湘氮实业有限公司	青岛啤酒(兴凯湖)有限公司
6	岳阳纸业集团沅江纸业	南京长江卫星毛纺织集团有限公司	钦州市犀牛脚糖厂	中国石化集团南京化工厂	天津市冠达实业总公司
7	佳木斯纸业集团有限公司	山东魏桥纺织集团有限责任公司	新疆昌吉糖厂	山西合成橡胶集团有限公司	张家口长城酿造(集团)有限责任公司

排序	造纸及纸制品业	纺织业	农副产品加工业	化学原料和化学制品制造业	饮料制造业
8	乐山造纸厂	四川南充六合（集团）有限责任公司	钦州市钦江糖厂	长寿化工总厂	黑龙江北国啤酒集团有限公司
9	福建青州造纸厂	哈尔滨亚麻纺织厂	柳州凤山糖业集团白沙制糖有限责任公司	云梦县化肥厂	徐州房亭酒厂
10	田阳县造纸厂	国营西北第一棉纺织厂	云南省陇川糖厂	南宁化工集团有限公司	四川全兴股份有限公司

表5-2列出了电力、热力生产和供应业、非金属和矿物制品业、黑色金属冶炼和压延加工业、化学原料和化学制品制造业、有色金属冶炼及压延加工业这五个行业二氧化硫排放总量较多的前十家国有企业。可以看出：

（1）电力、热力生产和供应业中排放量较多的前十家国有企业分别为云南省小龙潭发电厂、宁夏大坝发电有限责任公司、北京大唐发电有限公司陡河发电厂、四川广安发电有限责任公司、北京大唐发电有限公司张家口发电厂、中国华电集团公司宜宾发电总厂、湖北襄樊发电有限责任公司、河北兴泰发电有限责任公司、台州发电厂、江西丰城发电有限责任公司。

（2）非金属和矿物制品业中排放量较多的前十家国有企业分别为方斗山水泥有限公司、重庆水泥厂、湖南韶峰水泥集团有限公司、安徽省宁国水泥厂、祁阳水泥厂、中国耀华玻璃集团公司、贵州水泥厂、安徽荻港海螺水泥股份有限公司、玉林市北流水泥厂、株洲光明玻璃集团有限公司。

（3）黑色金属冶炼和压延加工业中排放量较多的前十家国有企业分别为鞍山钢铁集团公司、邯郸钢铁集团有限责任公司、太原钢铁（集团）有限公司、湖南华菱涟源钢铁有限公司、唐山钢铁集团有限公司、涟源钢铁集团有限公司、安阳钢铁集团有限责任公司、水城钢铁（集团）有限责任公司、广东省韶关钢铁集团有限公司、济南钢铁集团总公司。

（4）化学原料和化学制品制造业中排放量较多的前十家国有企业分别为中国石化集团四川维尼纶厂、贵州水晶有机化工（集团）有限公司、巨化集团公司、锡林郭勒苏尼特碱业有限公司、黑龙江黑化集团有限公司、湖南大乘资氮集团有限公司、辽宁华锦化工（集团）有限责任公司、贵州化肥厂、乌鲁木齐环鹏有限公司、湖南湘氮实业有限公司。

（5）有色金属冶炼及压延加工业中排放量较多的前十家国有企业分别为白银有色金属公司、株洲冶炼集团有限责任公司、大冶有色金属公司、葫芦岛锌厂、中国铝业股份有限公司广西分公司、水口山矿务局、中国铝业股份有限公司山西分公司、山西中条山有色金属公司、河南豫光金铅集团有限责任公司、锡矿山矿务局。

表5-2　重点行业二氧化硫排放量较多的前十家国有企业

排序	电力、热力生产和供应业	非金属和矿物制品业	黑色金属冶炼和压延加工业	化学原料和化学制品制造业	有色金属冶炼及压延加工业
1	云南省小龙潭发电厂	方斗山水泥有限公司	鞍山钢铁集团公司	中国石化集团四川维尼纶厂	白银有色金属公司
2	宁夏大坝发电有限责任公司	重庆水泥厂	邯郸钢铁集团有限责任公司	贵州水晶有机化工（集团）有限公司	株洲冶炼集团有限责任公司
3	北京大唐发电有限公司陡河发电厂	湖南韶峰水泥集团有限公司	太原钢铁（集团）有限公司	巨化集团公司	大冶有色金属公司
4	四川广安发电有限责任公司	安徽省宁国水泥厂	湖南华菱涟源钢铁有限公司	锡林郭勒苏尼特碱业有限公司	葫芦岛锌厂
5	北京大唐发电有限公司张家口发电厂	祁阳水泥厂	唐山钢铁集团有限责任公司	黑龙江黑化集团有限公司	中国铝业股份有限公司广西分公司
6	中国华电集团公司宜宾发电总厂	中国耀华玻璃集团公司	涟源钢铁集团有限公司	湖南大乘资氮集团有限公司	水口山矿务局
7	湖北襄樊发电有限责任公司	贵州水泥厂	安阳钢铁集团有限责任公司	辽宁华锦化工（集团）有限责任公司	中国铝业股份有限公司山西分公司

排序	电力、热力生产和供应业	非金属和矿物制品业	黑色金属冶炼和压延加工业	化学原料和化学制品制造业	有色金属冶炼及压延加工业
8	河北兴泰发电有限责任公司	安徽荻港海螺水泥股份有限公司	水城钢铁(集团)有限责任公司	贵州化肥厂	山西中条山有色金属公司
9	台州发电厂	玉林市北流水泥厂	广东省韶关钢铁集团有限公司	乌鲁木齐环鹏有限公司	河南豫光金铅集团有限责任公司
10	江西丰城发电有限责任公司	株洲光明玻璃集团有限公司	济南钢铁集团总公司	湖南湘氮实业有限公司	锡矿山矿务局

三、区域比较

表 5-3 比较了不同省份国有企业的工业废水、工业二氧化硫和工业化学需氧量排放量。

(1)国有企业工业废水排放总量较多的前十个省份分别为湖北、江西、浙江、宁夏、湖南、辽宁、安徽、江苏、广西、青海，较少的前十个省份分别为北京、天津、甘肃、海南、山西、陕西、山东、内蒙古、广东、吉林。

(2)国有企业二氧化硫排放总量较多的前十个省份分别为宁夏、内蒙古、河北、云南、新疆、辽宁、浙江、河南、甘肃、江西，较少的前十个省份分别为海南、天津、北京、福建、青海、江苏、上海、黑龙江、吉林、广东。

(3)国有企业工业化学需氧量总量较多的前十个省份分别为广西、新疆、宁夏、辽宁、黑龙江、云南、安徽、湖南、四川、吉林，较少的前十个省份分别为北京、海南、上海、甘肃、陕西、天津、广东、江苏、贵州、山西。

表 5-3　各省份国有企业不同污染物排放总量比较　　　　单位：吨

省份	工业废水	工业二氧化硫	工业化学需氧量
北京	128.89	147.07	15.63
天津	229.31	126.38	47.00

续表

省份	工业废水	工业二氧化硫	工业化学需氧量
河北	639.46	1208.15	127.84
山西	324.32	432.31	81.46
内蒙古	381.72	1283.34	81.52
辽宁	964.25	816.07	256.86
吉林	409.41	289.19	139.46
黑龙江	742.3	279.12	192.97
上海	446.33	264.78	35.71
江苏	822.36	262.42	77.31
浙江	1132.01	731.83	116.63
安徽	875.84	492.3	172.12
福建	613.22	155.17	82.93
江西	1154.19	626.32	114.4
山东	376.62	488.08	98.5
河南	599.39	690.06	89.82
湖北	1176.17	494.51	123.12
湖南	1094.4	455.03	161.98
广东	388.72	329.45	67.66
广西	752.15	513.38	489.36
海南	251.77	36.52	33.24
重庆	712.61	443.72	99.65
四川	737.11	525.07	142.75
贵州	436.21	382.98	78.75
云南	702.41	882.07	190.65
陕西	324.58	346.79	39.24
甘肃	230.6	648.73	36.87
青海	747.21	247.98	96.77
宁夏	1118.44	2286.72	308.78
新疆	512.36	846.88	360.79

第三节 污染排放强度的比较分析

一、总体情况

表 5-4 比较了 1998~2014 年国有工业企业化学需氧量、二氧化硫、工业废水的排放强度，排放强度的计算方法为主要污染物排放量除以工业总产值。可以看出，1998~2014 年，国有工业企业的化学需氧量、二氧化硫、工业废水排放强度均呈现出整体下降趋势。2014 年，化学需氧量排放强度为 0.0011 吨/千元，与 1998 年的 0.0114 吨/千元相比下降了 90.3%；二氧化硫排放强度为 0.0158 吨/千元，与 1998 年的 0.0406 吨/千元相比下降了 61%；2014 年，工业废水排放强度为 0.0125 吨/千元，与 1998 年的 0.1062 吨/千元相比下降了约 88%。综合比较表 5-1 的结果可以看出，样本期间国有工业企业的化学需氧量、二氧化硫、工业废水这三种特征污染物的排放总量和排放强度都实现了大幅降低。

表 5-4 国有工业企业主要污染物排放强度　　　　单位：吨/千元

年份	化学需氧量排放强度	二氧化硫排放强度	工业废水排放强度
1998	0.0114	0.0406	0.1062
1999	0.0107	0.0371	0.1191
2000	0.0072	0.0401	0.0979
2001	0.0077	0.0292	0.0927
2002	0.0064	0.0281	0.0774
2003	0.0066	0.0275	0.0569
2004	0.0039	0.0241	0.0483
2005	0.0046	0.0266	0.0414
2006	0.0038	0.0228	0.0327

年份	化学需氧量排放强度	二氧化硫排放强度	工业废水排放强度
2007	0.0031	0.0201	0.0279
2008	0.0033	0.0243	0.0216
2009	0.0028	0.0143	0.0214
2010	0.0025	0.0254	0.0164
2011	0.0012	0.0137	0.0127
2012	0.0023	0.0274	0.0198
2013	0.0019	0.0220	0.0169
2014	0.0011	0.0158	0.0125

二、行业比较

与本章第二节对主要污染物重点排污行业的划分依据相同，表5-5进一步比较了造纸及纸制品业、纺织业、农副产品加工业、化学原料和化学制品制造业、饮料制造业这五个行业化学需氧量排放强度较多的前十家国有企业。可以看出：

（1）造纸及纸制品业中排放强度较高的前十家国有企业分别为卫辉市协和实业发展有限公司、梅河口市海山纸业有限责任公司、东港良茂纸业有限公司、河南省武陟县造纸厂、南靖东宝旺纸业有限公司、济源市孔山造纸厂、芜湖东泰纸业有限公司、柏乡县金地纸业有限公司、临澧县新安纸业有限责任公司、辽阳市恒业造纸有限公司。

（2）纺织业中排放强度较高的前十家国有企业分别为本溪市针织印染厂、天津天鼎纺织集团有限公司、国营河北纬编厂、河南省新乡印染厂、常州蝶球纺织印染集团公司、廊坊市纬编厂（现为廊坊市中辰针织有限公司）、南澳县渔网厂、丹东中孚印染有限责任公司、郑州色织印染厂、天津市色织三厂。

（3）农副产品加工业中排放强度较高的前十家国有企业分别为玉林市糖厂、钦州市平吉糖厂、重庆三绿油脂有限责任公司、钦州市钦江糖厂、贞丰县糖厂、云南省陇川糖厂、扬州亲亲畜禽制品有限公司、沧州市面粉公司、凌源市肉联厂、东港市肉类联合工厂。

（4）化学原料和化学制品制造业中排放强度较高的前十家国有企业分别为重庆新华化工厂、南宁化工集团有限公司、天津市有机化工一厂、河南省孟津县磷肥厂、重庆新华化工厂、河北省眺山化工厂、贵州赤天化集团有限责任公司、锦西天然气化工有限责任公司、汕头气体厂、贵州赤天化集团有限责任公司。

（5）饮料制造业中排放强度较高的前十家国有企业分别为四川沱牌集团有限公司、招远市酿酒厂、哈尔滨饮料厂、山东即墨黄酒厂、沧州市制酒厂、天津津酒集团有限公司、重庆市太白酒厂、中国四川仙潭酒厂、太原酒厂、汝南县天中酒业有限公司。

表 5-5　重点行业化学需氧量排放量较多的前十家国有企业

排序	造纸及纸制品业	纺织业	农副产品加工业	化学原料和化学制品制造业	饮料制造业
1	卫辉市协和实业发展有限公司	本溪市针织印染厂	玉林市糖厂	重庆新华化工厂	四川沱牌集团有限公司
2	梅河口市海山纸业有限责任公司	天津天鼎纺织集团有限公司	钦州市平吉糖厂	南宁化工集团有限公司	招远市酿酒厂
3	东港良茂纸业有限公司	国营河北纬编厂	重庆三绿油脂有限责任公司	天津市有机化工一厂	哈尔滨饮料厂
4	河南省武陟县造纸厂	河南省新乡印染厂	钦州市钦江糖厂	河南省孟津县磷肥厂	山东即墨黄酒厂
5	南靖东宝旺纸业有限公司	常州蝶球纺织印染集团公司	贞丰县糖厂	重庆新华化工厂	沧州市制酒厂
6	济源市孔山造纸厂	廊坊市纬编厂（现为廊坊市中辰针织有限公司）	云南省陇川糖厂	河北省眺山化工厂	天津津酒集团有限公司
7	芜湖东泰纸业有限公司	南澳县渔网厂	扬州亲亲畜禽制品有限公司	贵州赤天化集团有限责任公司	重庆市太白酒厂
8	柏乡县金地纸业有限公司	丹东中孚印染有限责任公司	沧州市面粉公司	锦西天然气化工有限责任公司	中国四川仙潭酒厂

排序	造纸及纸制品业	纺织业	农副产品加工业	化学原料和化学制品制造业	饮料制造业
9	临澧县新安纸业有限责任公司	郑州色织印染厂	凌源市肉联厂	汕头气体厂	太原酒厂
10	辽阳市恒业造纸有限公司	天津市色织三厂	东港市肉类联合工厂	贵州赤天化集团有限责任公司	汝南县天中酒业有限公司

与本章第二节部分对主要污染物重点排污行业的划分依据相同，表5-6进一步比较了电力、热力生产和供应业、非金属和矿物制品业、黑色金属冶炼和压延加工业、化学原料和化学制品制造业、有色金属冶炼及压延加工业这五个行业二氧化硫排放强度较多的前十家国有企业。可以看出：

（1）电力、热力生产和供应业中排放强度较高的前十家国有企业分别为济宁市东郊热电厂、韶关发电厂、天津市房产供热公司、廊坊经济技术开发区热力供应中心、斗门区麦芽厂、渭河发电厂、盐城发电厂、钦州电厂、郸城县热电厂、奎屯市供热公司。

（2）非金属和矿物制品业中排放强度较高的前十家国有企业分别为玉林市北流水泥厂、贵州水泥厂、临洮县水泥厂、平顶山星峰集团有限责任公司、广东省佛山市南海水泥厂、吉林省石岭水泥厂、山西省新型建材厂、中国耀华玻璃集团公司、贵州省都匀水泥厂、户县第二水泥厂。

（3）黑色金属冶炼和压延加工业中排放强度较高的前十家国有企业分别为贵阳特殊钢有限责任公司、乌兰浩特钢铁有限责任公司、成都无缝钢管公司江油钢铁厂、凌源钢铁集团有限责任公司、唐山钢铁集团有限责任公司、鞍山钢铁集团公司、成都无缝钢管公司江油钢铁厂、广州钢管厂有限公司、山东莱阳重型机械厂、天津市无缝钢管厂。

（4）化学原料和化学制品制造业中排放强度较高的前十家国有企业分别为重庆新华化工厂、南宁化工集团有限公司、天津市有机化工一厂、河南省孟津县磷肥厂、重庆新华化工厂、河北省眺山化工厂、贵州天峰化工有限责任公司、贵州赤天化集团有限责任公司、锦西天然气化工有限公司、汕头气体厂。

（5）有色金属冶炼及压延加工业中排放强度较高的前十家国有企业分别

为河南豫光金铅集团有限责任公司、大冶有色金属公司、中国铝业股份有限公司广西分公司、温州冶炼总厂、大冶有色金属公司、抚顺铝厂、东北轻合金有限责任公司、温州冶炼总厂、阿坝铝厂、东北轻合金有限责任公司。

表5-6 重点行业二氧化硫排放量较多的前十家国有企业

排序	电力、热力生产和供应业	非金属和矿物制品业	黑色金属冶炼和压延加工业	化学原料和化学制品制造业	有色金属冶炼及压延加工业
1	济宁市东郊热电厂	玉林市北流水泥厂	贵阳特殊钢有限责任公司	重庆新华化工厂	河南豫光金铅集团有限责任公司
2	韶关发电厂	贵州水泥厂	乌兰浩特钢铁有限责任公司	南宁化工集团有限公司	大冶有色金属公司
3	天津市房产供热公司	临洮县水泥厂	成都无缝钢管公司江油钢铁厂	天津市有机化工一厂	中国铝业股份有限公司广西分公司
4	廊坊经济技术开发区热力供应中心	平顶山星峰集团有限责任公司	凌源钢铁集团有限责任公司	河南省孟津县磷肥厂	温州冶炼总厂
5	斗门区麦芽厂	广东省佛山市南海水泥厂	唐山钢铁集团有限公司	重庆新华化工厂	大冶有色金属公司
6	渭河发电厂	吉林省石岭水泥厂	鞍山钢铁集团公司	河北省眺山化工厂	抚顺铝厂
7	盐城发电厂	山西省新型建材厂	成都无缝钢管公司江油钢铁厂	贵州天峰化工有限责任公司	东北轻合金有限责任公司
8	钦州电厂	中国耀华玻璃集团公司	广州钢管厂有限公司	贵州赤天化集团有限责任公司	温州冶炼总厂
9	郸城县热电厂	贵州省都匀水泥厂	山东莱阳重型机械厂	锦西天然气化工有限责任公司	阿坝铝厂
10	奎屯市供热公司	户县第二水泥厂	天津市无缝钢管厂	汕头气体厂	东北轻合金有限责任公司

三、区域比较

表5-7比较了不同省份国有企业的工业废水、二氧化硫和化学需氧量排放强度。

(1)国有企业工业废水排放强度较高的前十个省份分别为辽宁、吉林、四川、云南、北京、江苏、广西、陕西、河北、贵州，较低的前十个省份分别为重庆、甘肃、浙江、内蒙古、江西、海南、河南、山东、广东、上海。

(2)国有企业二氧化硫排放强度较高的前十个省份分别为青海、江苏、陕西、河北、吉林、云南、广西、海南、辽宁、山西，较低的前十个省份分别为重庆、黑龙江、浙江、内蒙古、江西、上海、湖南、湖北、天津、广东。

(3)国有企业化学需氧量排放强度较高的前十个省份分别为辽宁、四川、福建、北京、青海、宁夏、广西、贵州、吉林、天津，较低的前十个省份分别为重庆、上海、甘肃、山西、内蒙古、山东、海南、江西、浙江、湖北。

表5-7 各省份国有企业不同污染物排放强度比较 单位：吨/千元

省份	工业废水排放强度	二氧化硫排放强度	化学需氧量排放强度
北京	0.0163	0.0055	0.0061
天津	0.0069	0.0028	0.0028
河北	0.0127	0.0101	0.0019
山西	0.0081	0.0062	0.0003
内蒙古	0.0039	0.0019	0.0005
辽宁	0.0235	0.0069	0.0133
吉林	0.0213	0.0090	0.0031
黑龙江	0.0108	0.0014	0.0012
上海	0.0058	0.0022	0.0003
江苏	0.0153	0.0147	0.0015
浙江	0.0035	0.0015	0.0008
安徽	0.0101	0.0044	0.0027
福建	0.0116	0.0050	0.0082

续表

省份	工业废水排放强度	二氧化硫排放强度	化学需氧量排放强度
江西	0.0041	0.0021	0.0007
山东	0.0050	0.0040	0.0005
河南	0.0047	0.0051	0.0021
湖北	0.0060	0.0023	0.0010
湖南	0.0071	0.0022	0.0027
广东	0.0057	0.0036	0.0027
广西	0.0142	0.0078	0.0046
海南	0.0042	0.0072	0.0005
重庆	0.0014	0.0006	0.0000
四川	0.0208	0.0042	0.0123
贵州	0.0123	0.0055	0.0041
云南	0.0202	0.0086	0.0023
陕西	0.0133	0.0104	0.0021
甘肃	0.0028	0.0045	0.0003
青海	0.0093	0.0230	0.0061
宁夏	0.0066	0.0046	0.0054
新疆	0.0059	0.0039	0.0015

第四节　能源效率的比较分析

一、总体情况

本文通过对1998~2014年工业企业数据库中工业总产值以及煤炭使用量进一步计算能源效率。表5-8比较了1998~2014年，样本企业能源效率的变化情况。可以看出，1998~2014 年，国有企业能源效率在 2005~2006 年翻倍增长；2007 年以前一直保持持续上升态势，2007 年达到峰值(4274.03 吨/千元)，之后呈现逐年下降趋势，2010 年后，国有企业能源效率保持稳定水平。在面临新技术转型带来的冲击以及能源结构改进等因素冲击下，能源效率保持稳定将有助于国有工业企业能源系统效益更好地发挥内在潜力，因此，进一步提升能源管理水平，完善能源管理体系对于降低能耗强度，提高能源效率十分重要。

表 5-8　国有工业企业的能源效率　　　　　单位：吨/千元

年份	能源效率	年份	能源效率
1998	701.85	2007	4274.03
1999	615.25	2008	3298.74
2000	593.82	2009	2709.64
2001	515.03	2010	1636.02
2002	502.87	2011	2221.87
2003	638.66	2012	1694.01
2004	719.98	2013	1728.54
2005	800.97	2014	1850.42
2006	2166.36		

二、行业比较

如表 5-9 所示，1998~2014 年能源效率较高的前十个行业分别为石油开采业，黑色金属矿采选业，烟草制品业，铁路、船舶、航空航天和其他运输设备制造业，黑色金属矿采选业-铁矿采选，电气机械及器材制造业，采矿业，标准件制造行业，金属制品业，船舶制造业，主要分布在以采矿业和制造业为主的相关行业。能源效率较低的前十个行业分别为化学原料和化学制品制造业，家具制造业，非金属矿工业，木材加工和木、竹、藤、棕、草制品业，橡胶和塑料制品业，黑色金属冶炼和压延加工业，燃气生产和供应业，造纸和纸制品业，电力、热力生产和供应业，水的生产和供应业。从行业分布来看，能源效率较高与较低的行业中都有重污染行业，这在一定程度上说明低耗能未必为低污染。从行业角度来看，需要进一步对能源结构进行转型升级，以便更好地发挥市场的作用，同时还需要适当的政策引领，因为能源转型技术的经济性才是推动能源转型可持续发展的关键。

表5-9　国有企业能源效率分行业情况　　　　单位：吨/千元

排序	高能源效率行业	能源效率	排序	低能源效率行业	能源效率
1	石油开采业	295120.92	1	化学原料和化学制品制造业	271.64
2	黑色金属矿采选业	37497.30	2	家具制造业	247.74
3	烟草制品业	30060.76	3	非金属矿工业	244.34
4	铁路、船舶、航空航天和其他运输设备制造业	25882.13	4	木材加工和木、竹、藤、棕、草制品业	237.14
5	黑色金属矿采选业-铁矿采选	22698.65	5	橡胶和塑料制品业	229.61
6	电气机械及器材制造业	14521.12	6	黑色金属冶炼和压延加工业	185.35
7	采矿业	11246.05	7	燃气生产和供应业	114.02
8	标准件制造行业	8669.62	8	造纸和纸制品业	59.57
9	金属制品业	8452.79	9	电力、热力生产和供应业	57.68
10	船舶制造业	7177.94	10	水的生产和供应业	27.48

三、区域比较

表5-10比较了各地区国有企业的能源效率，可以看出，工业企业能源效率较高的前五个省份依次为宁夏、黑龙江、山西、山东和安徽，工业企业能源效率较低的前五个省份依次为河北、陕西、吉林、北京和福建。整体来看，各省份国有工业企业的能源效率差异较大，这从侧面反映了能源绩效的空间差异。值得关注的是，部分高能源效率地区并非经济发达省份，低能源效率地区也未必是经济欠发达地区，这说明能源使用效率与经济发展水平未必是一致的，能源与增长在一些省份可能存在脱钩现象。不同地区间资源禀赋、经济发展水平及能源利用技术存在差异，会导致能源效率具备明显的区域性

差异特征。国有企业能源效率在相邻省份间存在较大差异，这一方面是因为国有企业在区域间的产业布局不同，另一方面也与其所在省份的资源禀赋存在较大联系。

表5-10　各省国有工业企业能源效率　　　　单位：吨/千元

省份	能源效率	省份	能源效率
北京	69.488	河南	2175.229
天津	2019.626	湖北	1581.867
河北	150.709	湖南	214.123
山西	3210.059	广东	282.366
内蒙古	913.423	广西	1549.780
辽宁	1787.656	海南	385.759
吉林	75.159	重庆	240.271
黑龙江	4012.379	四川	1580.236
上海	177.848	贵州	1391.470
江苏	309.126	云南	1913.427
浙江	1400.345	陕西	80.716
安徽	2252.651	甘肃	1010.343
福建	59.274	青海	311.029
江西	347.134	宁夏	9109.195
山东	3207.155	新疆	988.398

本章小结

本章从排放总量、排放强度和能源效率三个角度对1998～2014年我国国有工业企业的环境行为进行比较分析，研究发现主要大气污染物二氧化硫排放量有波动但总体呈下降趋势，排放强度方面总体呈下降趋势，主要水污染物指标化学需氧量排放总量波动较小自 2010 年后也呈下降趋势，排放强度虽有一定波动但总体呈减弱趋势；在能源效率方面，国有企业能源效率在 2010 年后保持下降趋势，采矿业和制造业两大类行业能源效率较高。虽然污染排放整体呈下降趋势预示着国有企业环境行为的改善，但考虑区位条件的不同，资源禀赋与发展战略定位的差异使得地方国企污染物排放在行业与区域间呈现不平衡特征，只有明确国有企业实现污染减排背后的成因机制，才能更好针对行业与区域间不平衡问题精准分类施策，提高污染防治能力，降低治理难度，最终实现区域生态环境协调发展。

| 第六章 |

混改影响企业污染排放的微观效果

第一节 模型设定、变量定义与数据说明

一、模型设定

本章所要考察的是混合所有制改革对企业环境污染的影响，将企业划分为混改组与未混改组，直接比较可能会导致效应分析不准确。这是由于以下两个原因：①企业是否进行混改可能存在非随机性。与垄断性行业相比，在竞争性行业中企业更有可能引入其他资本。所以，一些企业由于企业绩效、企业运行效率等原因在很大程度上参与改制并非随机进行的，而对非随机样本进行直接估计导致偏差。②进行混改与未进行混改的企业本身排污行为存在直接差异，由于其他不可观测且非时变因素的存在，直接进行比较可能会产生异质性偏差。考虑到以上两种因素对结果可能产生的样本选择偏差，本章首先采用倾向得分匹配方法（Propensity Score Matching，PSM）寻找与改革企业类似的对照组以消除样本的选择性问题，其次结合多期双重差分法（Difference in Difference，DID）估计出国有企业混合所有制改革下企业真实的环境绩效，由此能在较大程度上保证结果的准确性。基于准自然实验及倍差法思想，将混合所有制改革视为准自然实验，则实验组为进行混合所有制改革的企业；反之为对照组。参考孙博文和张政（2021）的做法，利用匹配的方法为进行混改的企业找到相似特征从未进行混改的企业，用从未进行国企混改企业的排放变化替代混改企业的排放变化，从而构造国企混改的反事实框架，减少样本选择偏误。

$$pollu_{itc}=\beta_0+\beta_1 reform_{it}+Z_{it}\gamma+\eta_{id}+u_{time}+\lambda_{city}+\varepsilon_{itc} \qquad (6-1)$$

其中，下标 i 表示企业，t 表示年份，c 表示城市。被解释变量为污染排放（$pollu$），解释变量为混合所有制改革（$reform$），用交互项 $treat \times post$ 表示，这是检验混改影响企业污染排放的核心变量。待估参数为 β_1，如果 $\beta_1 < 0$，那么意味着国有企业混合所有制混改前后实验组企业的污染排放小于对照组企业的污染排放，这表明混改降低了污染排放，具有显著的减排效应。Z_{it} 表示其他影响企业污染排放的控制变量集合，包括工业总产值（$output$）、企业规模（$size$）、企业年龄（age）、出口状态（$export$）、员工人数（emp）、资本密集度（$capital$）、全要素生产率（tfp）。此外，模型中的 η 和 λ 分别表示企业个体及企业所在城市的固定效应，以控制不随时间变化的地区特征和企业特征因素；u 表示时间固定效应，用来控制宏观因素的扰动；ε 表示随机误差项。

二、变量选取

（一）被解释变量为污染排放（$pollu$）

工业企业污染数据库是目前研究企业环境绩效的最权威数据库，数据库包括水污染物（化学需氧量、氨氮）、大气污染物（二氧化硫、氧化物、烟粉尘）、固体污染物（一般工业固体废弃物）等特征污染物的排放量、产生量及减排量数据。由于部分年份信息缺失等因素，该数据库目前质量较高的污染物统计项主要为工业废水、化学需氧量、氨氮化物、工业废气、工业烟尘和固体废弃物等。参考郑洁和付才辉（2020）做法，选择工业废水、化学需氧量、工业废气、二氧化硫这四项污染物作为主要污染物参考指标。为了消除地区间企业排放的差异，参考已有做法将上述四类污染物除以工业生产总值，得到污染物排放强度指标。采用上述几个污染指标的原因是，"十一五"规划明确要求将二氧化硫和化学需氧量的排放总量作为约束性指标，不仅纳入环境绩效考核，也被纳入官员考核体系。规划颁布以及强硬问责制度使超标排放、违规排放的地区官员受到行政处罚或免职，出于仕途考虑环境污染治理也得到地方更多关注（涂正革等，2021）。另外，考虑到二氧化硫排放量以及碳排放是当前环境治理中关注度较高的污染物排放指标，本章选择二氧化硫排放量以及二氧化碳排放量在稳健性检验中替代污染物排放量进行回归检验，以确保研究结论的可靠性。其中，二氧化碳排放量的核算方法参考王兴民等

（2020）的做法，运用碳排放系数法计算企业层面的二氧化碳排放量（见表 6-1）。

（二）解释变量为混改（reform）

在企业改制的研究中，由于混合资本结构的存在，仅从企业经济成分的分类上难以区分不同类型的资本组合及其影响。参考白重恩等（2006）、陈林和唐杨柳（2014）的做法，将企业混合所有制改革定义为独资企业引入异质资本的过程[①]，当年企业资本金的比例低于上一年的 100% 时，则认为其经历了混合所有制改革，令 $treat = 1$，否则令 $treat = 0$；将改革当年及之后的年份设定为 $post = 1$，其他年份则 $post = 0$。

（三）控制变量

包括工业总产值（output）、企业规模（size）、企业年龄（age）、出口状态（export）、员工人数（emp）、资本密集度（capital）、全要素生产率（tfp）。

（1）工业总产值（output）。多数研究发现，总产值越高的工业企业，污染排放量较大，在控制变量中引入企业工业总产值可以控制生产规模对污染排放量的影响，本章用工业企业总产值的自然对数表示工业总产值。

（2）企业规模（size）。刘晔等（2016）、郭树龙（2019）等的研究均发现企业污染排放水平随着企业规模的扩大而增加，粗放式的规模扩张必定会使企业污染量上升，在控制变量中引入企业规模可以控制规模因素对污染排放的影响，因而用工业企业销售额的自然对数表示企业规模。

（3）企业年龄（age）。企业年龄表示企业生命周期以及企业成熟度，刘晔等（2016）研究表明，成立年份较长的企业由于技术水平落后设备更新能力较弱，将会使污染排放量增加。李红阳和邵敏（2019）指出，生存时间长的企业由于市场地位稳固，拥有丰富的技术资源及市场信息，其排污能力较强。参考苏丹妮（2020）的做法，采用企业所处年份减开业年份加 1 后取自然对数得到。

（4）出口状态（export）。选用工业企业数据库中出口交货值生成的虚拟变量衡量，如果出口交货值大于 0，则定义为 1；反之则为 0。

（5）员工数量（emp）。用工业企业年末在册员工数量的自然对数表示。

[①] 国有独资企业引入集体资本、个人资本、法人资本、港澳台资本和外商资本等。

（6）资本密集度（*capital*）。用企业固定资产净值与企业员工人数的比值的自然对数表示，资本密集度将会通过企业研发创新影响企业能源效率。

（7）全要素生产率（*tfp*）。参考韩超等（2020）的做法，通过 Olley and Pakes（1996）的方法计算得出企业的全要素生产率，并做对数处理。

本章的机制主要从促进企业技术进步、提高企业能源效率、促进企业使用更多清洁能源三个角度分析，因而选择以下三个机制变量：

（1）全要素生产率（*tfp*）。同上，通过 OP 法计算得到，并做对数处理。

（2）能源效率（*efficiency*）。用工业总产值与煤炭使用量的比值表示，并做对数处理。

（3）能源结构（*estruc*）。参考徐斌等（2019）做法，用天然气与煤炭使用量的比值表示能源结构，并做对数处理。其中，天然气与煤炭的标准煤折算系数如表6-1所示。

表6-1 能源标准煤折算系数与 CO_2 排放系数

能源类	标准煤折算系数	CO_2排放系数	能源类	标准煤折算系数	CO_2排放系数
原煤	0.714	2.492	燃料油	1.429	2.219
洗精煤	0.900	2.631	液化石油气	1.714	1.828
煤制品	0.600	2.631	天然气	1.214	2.162
焦炭	0.971	2.977	液化天然气	1.757	2.660
原油	1.429	2.104	炼厂干气	1.571	1.654
汽油	1.471	1.988	焦炉煤气	0.614	1.288
煤油	1.471	2.051	高炉煤气	0.129	7.523
柴油	1.457	2.167	其他燃料	—	2.457

注：标准煤折算系数单位为 kgce/kg，CO_2 排放系数为（10^4 吨/10^4 吨）。

资料来源：根据《省级温室气体清单编制指南》、《综合能耗计算通则》以及王兴民等（2020）的相关研究整理获得。

三、数据来源与说明

本章使用 1998~2013 年中国工业企业数据库和中国工业企业污染库匹配

后的微观数据进行分析检验。关于中国工业企业数据库与工业企业污染库的匹配整合，具体做法为：①根据企业名称和企业年份匹配工业企业数据库与工业企业污染库，对未匹配上的企业保留核心字段进行二次匹配，企业法人代码缺失、行政区代码缺失的企业进行手工补齐。②匹配后，最终获得的数据包括 344875 家企业，包含 42 个二位数行业的全部国有制造业企业以及年销售超过 500 万元以上的非国有制造业企业。为了保证数据和结果的可靠性，本章仅选用制造业行业数据，并参考谢千里等（2008）、聂辉华和贾瑞雪（2011）等的处理方法对数据进行如下筛选：

（1）剔除关键字段缺失或小于或等于 0 的企业。

（2）剔除不符合一般会计准则的企业。例如，工业增加值大于工业总产值、总资产小于或等于流动资产、总资产小于或等于固定资产、资产负债率小于 0、总资产小于或等于固定资产净值。

（3）剔除不符合"规模以上"定义的观测值，参考陈林（2018）的做法，剔除销售收入小于 2000 万元的企业，剔除职工人数小于 8 的企业。最后，对所有关键的连续变量进行 1% 的缩尾处理。

第二节　描述性统计

表 6-2 比较了全样本与混改样本的主要变量描述性统计量。均值差异检验结果显示，进行混合所有制改革后，企业的污染排放强度显著低于开展混改前。从控制变量来看，开展混合所有制改革后，企业的工业总产值、企业规模、全要素生产率均显著高于混改前。这些结果初步表明，混改后，企业的污染排放强度下降了，混改可能对企业减排存在正向促进作用。

表 6-2　主要变量的描述性统计

变量	全样本			混改样本		
	样本量	均值	标准差	混改前均值	混改后均值	均值差异
污染排放（*pollu*）	200492	6.743	5.028	8.45	6.341	-2.109 ***
工业总产值（*output*）	200490	11.76	1.317	11.28	11.86	0.582 ***

续表

变量	全样本			混改样本		
	样本量	均值	标准差	混改前均值	混改后均值	均值差异
企业规模(size)	200489	11.72	1.332	11.22	11.84	0.618***
企业年龄(age)	200492	13.75	14.86	20.90	12.07	−8.83***
出口状态(export)	200492	0.318	0.466	0.418	0.295	−0.123***
员工人数(emp)	200492	5.862	1.114	6.243	5.773	−0.470***
资本密集度(capital)	200492	0.338	0.274	0.338	0.324	−0.014***
全要素生产率(tfp)	199940	4.315	0.978	3.693	4.461	0.768***

注：*** 表示通过1%的显著性水平检验。

第三节　数据匹配

一、Logit 模型检验

在进行倾向得分匹配的回归分析之前，利用 Logit 模型计算倾向得分值，以判断处理组和对照组的匹配变量是否存在特征差异。表 6-3 为主要特征匹配变量的 Logit 模型回归结果，可以看出，模型的拟合结果较好，大部分匹配变量的选择都对混合所有制改革有较强的解释力。根据回归系数报告的结果来看，除企业规模(size)外，其余特征变量都显著预测了企业进行混合所有制改革的概率。

表 6-3　Logit 模型回归结果

变量	系数	标准差	Z 值	P 值
工业总产值(output)	0.294**	0.095	3.08	0.002
企业规模(size)	0.113	0.080	1.41	0.158

变量	系数	标准差	Z 值	P 值
企业年龄(*age*)	0.609 ***	0.029	21.19	0.000
出口状态(*export*)	−0.491 ***	0.055	−8.91	0.000
员工人数(*emp*)	−0.144 ***	0.048	−3.01	0.003
资本密集度(*capital*)	−0.171 ***	0.034	−5.03	0.000
全要素生产率(*tfp*)	−0.556 ***	0.050	−11.20	0.000

注：** 、*** 分别表示通过 5%、1% 水平下的显著性检验，常数项的结果略去。

二、平衡性检验

为了检验匹配后数据是否平衡，采取 k 近邻匹配方法进行检验，以便将样本异质性的影响降到最低，这样做还可以保证 DID 估计结果的准确性，结果见表 6-4。可以看出，匹配后所有变量的标准偏误(% bias)均小于 10%。匹配前，各变量之间存在明显差异，多数变量匹配前 T 值大于 2，P 值多为 0，样本差异显著。匹配后，各变量之间差异缩小，除全要素生产率(*tfp*)之外，其余变量的 T 值均有所降低，差异变为不显著。匹配前后的显著性变化说明处理组与对照组在匹配变量上无明显差异，通过平衡性假设。标准偏差均小于 10% 也说明对照组与处理组的样本分布具有较强的一致性，满足了 PSM 关于平衡性的假设。

表 6-4　近邻匹配下平衡性检验结果

变量	处理	均值		标准偏差（%）	标准偏差减少（%）	T 检验	
		处理组	对照组			T 值	P 值
lntfpop	匹配前 匹配后	3.778 3.778	4.331 3.788	−58.0 −1.0	98.2	−29.35 −0.36	0.000 0.719
lny	匹配前 匹配后	11.837 11.837	11.763 11.819	5.4 1.3	75.1	2.79 0.48	0.005 0.634
lnsize	匹配前 匹配后	11.817 11.817	11.733 11.803	6.2 1.1	82.9	3.23 0.38	0.001 0.707

续表

变量	处理	均值		标准偏差（%）	标准偏差减少(%)	T 检验	
		处理组	对照组			T 值	P 值
lnage	匹配前 匹配后	2.945 2.945	2.184 2.956	75.5 -1.1	98.6	41.03 -0.39	0.000 0.700
lnL	匹配前 匹配后	6.516 6.516	5.863 6.503	57.7 1.2	97.9	30.18 0.43	0.000 0.669
export	匹配前 匹配后	0.330 0.330	0.321 0.324	1.8 1.2	32.1	0.91 0.44	0.363 0.662
lnfar	匹配前 匹配后	-1.111 -1.111	-1.192 -1.120	11.2 1.3	88.5	5.33 0.50	0.000 0.618

各变量匹配前后在标准化偏差变化见图6-1。从图6-1可以直观地看出，多数变量的标准化偏差在匹配后大幅缩小，这说明匹配之后处理组与对照组样本在匹配变量方面无明显差异，再次证明通过平衡性假设检验。

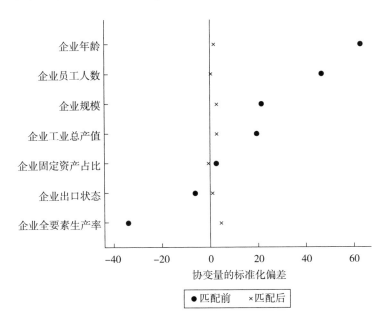

图6-1 各变量的标准化偏差

三、匹配结果

图 6-2 呈现了样本倾向得分在匹配前后的核密度函数分布情况。可以看出，匹配前处理组与对照组的倾向得分存在一定差距，而在匹配后两者差距出现了较大幅度的缩小，且走势基本一致，说明倾向得分匹配后的效果较为理想。

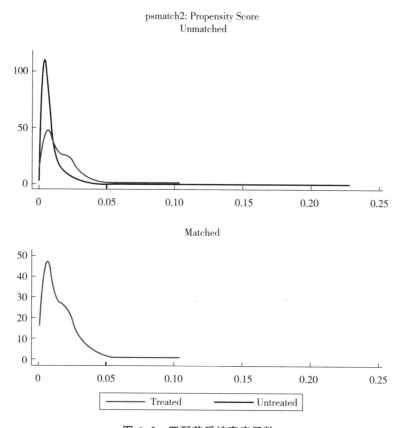

图 6-2 匹配前后核密度函数

第四节　回归结果

一、基础回归结果

以1998~2013年工业企业数据库与工业企业污染数据库匹配而成的非平衡面板数据为样本，采用面板数据的固定效应模型，以污染物排放强度的综合指标为被解释变量，控制企业、地区、年份，以及不可观测因素的影响，采用近邻匹配方法，实证检验混合所有制改革对污染排放强度的影响，结果见表6-5。表6-5中第（1）列未加入控制变量，第（2）（3）（4）列加入了所有控制变量。在第（1）列回归中，混合所有制改革（reform）的估计系数显著为负，混合所有制改革与污染排放强度之间的关系是负相关的，在开展了混合所有制改革后，样本企业的污染排放强度显著下降了。第（2）列加入了其他可能影响污染排放强度的控制变量，并控制个体、年份、城市层面因素对污染排放强度的影响，混合所有制改革（reform）的估计系数仍然显著为负，第四章的理论结论得到了数据验证。其他控制变量的结果也具有一定启示，企业规模（size）的估计系数显著为正，说明企业规模与污染排放强度之间存在正相关关系，企业规模越大，污染排放强度越大，规模较大企业的污染排放强度较高，这与郭树龙（2019）得出的结论一致。企业年龄（age）的估计系数显著为正，说明随着企业年龄的增长，其污染排放强度也在逐年提高，这可能由于长期经营使生产工艺的清洁程度大幅降低，企业生产设备老化，更新设备动力不足所致。出口状态（export）的估计系数显著为负，说明出口有助于降低企业的污染排放强度，出现这个结果的原因可能是企业在出口时还受进口国环境规制的约束，尤其当进口国环境规制标准高于我国时，就可能会促进该企业污染排放强度的降低。员工人数（emp）的估计系数显著为正，这与企业规模（size）的估计系数类似，表明从就业人数的角度来看，企业员工规模越大，污染排放强度反而越高。全要素生产率（tfp）的估计系数显著为正，说明企业全要素生产率的提高对减排并没有发挥有效作用，不过，这个显著性很小。从第（3）列回归结果可以看出，在行业层面进行聚类标准误处理后，全要素生产率

（tfp）的估计系数变为不显著，也说明全要素生产率对工业企业污染排放强度的影响尚未显现。

表6-5　基础回归结果

变量	近邻匹配		
	（1）	（2）	（3）
混合所有制改革（reform）	−0.315 ** （0.116）	−0.262 * （0.113）	−0.262 * （0.109）
工业总产值（output）		0.002 （0.079）	0.002 （0.082）
企业规模（size）		0.178 *** （0.094）	0.178 *** （0.069）
企业年龄（age）		0.119 *** （0.031）	0.119 *** （0.029）
出口状态（export）		−0.101 * （0.047）	−0.101 * （0.044）
员工人数（emp）		0.387 *** （0.048）	0.387 *** （0.100）
资本密集度（capital）		0.045 （0.035）	0.045 （0.046）
全要素生产率（tfp）		0.023 * （0.048）	0.024 （0.053）
Constant	7.514 *** （0.001）	2.802 *** （0.616）	2.802 *** （0.750）
个体效应	已控制	已控制	已控制
年份效应	已控制	已控制	已控制
地区效应	已控制	已控制	已控制
行业×时间效应	未控制	未控制	已控制
聚类误	城市	城市	行业
R²	0.751	0.753	0.753
N	133417	130577	130577

注：*、**、***分别表示估计系数在0.1、0.05、0.01的水平下显著；括号内的数字为聚类标准误。

二、稳健性检验

为了保证回归结果的稳健性与可信性，本章还进行了一系列稳健性检验。

首先，将基础回归中的近邻匹配方法更换为核匹配方法，对模型重新进行检验，结果见表6-6。可以看出，采用新的匹配方法后，解释变量的显著性水平没有发生太大变化，说明本章数据集的选择适合倾向得分匹配方法，匹配方法的不同并未改变研究结论。

表6-6　稳健性检验（更换匹配方法）

变量	核匹配		
	（1）	（2）	（3）
混合所有制改革（*reform*）	−0.321 ** (0.096)	−0.208 *** (0.019)	−0.208 *** (0.021)
工业总产值（*output*）		0.137 *** (0.034)	0.137 *** (0.049)
企业规模（*size*）		−0.081 ** (0.057)	−0.081 * (0.042)
企业年龄（*age*）		0.247 *** (0.009)	0.247 *** (0.018)
出口状态（*export*）		−0.149 *** (0.018)	−0.149 *** (0.032)
员工人数（*emp*）		0.357 ** (0.145)	0.357 ** (0.171)
资本密集度（*capital*）		0.049 *** (0.013)	0.049 *** (0.011)
全要素生产率（*tfp*）		0.027 ** (0.012)	0.027 * (0.016)
Constant	5.237 *** (1.433)	2.984 *** (0.723)	2.984 *** (0.644)

续表

变量	核匹配		
	（1）	（2）	（3）
个体效应	已控制	已控制	已控制
年份效应	已控制	已控制	已控制
地区效应	已控制	已控制	已控制
行业×时间效应	已控制	未控制	已控制
聚类误	城市	城市	行业
R^2	0.721	0.793	0.793
N	129817	125737	125737

注：*、**、***分别表示估计系数在0.1、0.05、0.01的水平下显著；括号内的数字为聚类标准误。

其次，用COD（化学需氧量）排放强度、CO_2（二氧化碳）排放强度替换基础回归中的被解释变量对模型重新进行检验，结果如表6-7所示。替换被解释变量后，COD与CO_2的回归系数均在5%的水平上显著为负，说明混合所有制改革具有较为显著的污染减排效应，与前文分析结果保持一致。

表6-7　稳健性检验（更换被解释变量）

变量	COD			CO_2		
	（1）	（2）	（3）	（4）	（5）	（6）
混合所有制改革（reform）	-0.202**	-0.345***	-0.345***	-0.262**	-0.402**	-0.402**
	(0.072)	(0.108)	(0.113)	(0.107)	(0.160)	(0.164)
Constant	7.105***	5.851***	5.851***	5.416***	2.107***	2.107***
	(0.001)	(0.033)	(0.028)	(0.001)	(0.172)	(0.169)
个体效应	未控制	已控制	已控制	未控制	已控制	已控制
年份效应	已控制	已控制	已控制	已控制	已控制	已控制
地区效应	已控制	已控制	已控制	已控制	已控制	已控制
行业×时间效应	已控制	已控制	已控制	已控制	已控制	已控制
聚类误	未控制	未控制	已控制	未控制	未控制	已控制

续表

变量	COD			CO_2		
	（1）	（2）	（3）	（4）	（5）	（6）
R^2	城市	城市	行业	城市	城市	行业
N	0.769	0.793	0.793	0.787	0.812	0.812
	133417	113524	113524	133417	113524	113524

注：*、**、***分别表示估计系数在0.1、0.05、0.01的水平下显著；括号内的数字为聚类标准误。

三、异质性检验

（一）混改策略的异质性检验

参考已有做法，将实施混改的样本分为三种模式：国有控股、国企参股、转制民企。具体识别方法为，混改后国有企业股份占比高于50%，且包含集体、私人或外资的企业定义为国有控股；混改后国有企业股份占比低于50%，且存在控股股份的企业定义为国企参股；最后为完全无国有股份企业或转制民企，尽管不符合学界对混改的定义"两种及以上的所有制成分"，但由于其成分特殊，也可被视为混改的特殊形式进行识别。设置混改模式的三个虚拟变量，分别为国有控股（state）、国企参股（share）、转制民企（private），然后再添加三个虚拟变量与混合所有制改革（reform）的交叉变量，检验该交叉变量的估计系数，以判断不同混改模式下，混改对污染排放强度的影响有何差异，结果见表6-8中的第（1）列。结果显示，与国有控股与转制民企两种模式相比，实行国企参股模式开展混合所有制改革的企业，在混改后污染排放强度下降是更为显著的。这可能是由于国企参股这种模式相较于国有控股和转制民企来说更灵活，也能够实现国有资本与非国企资本的有机结合与灵活运作，减排效果更好。

（二）行业性质的异质性检验

参考Akbostanci等（2016）的方法，首先，利用工业企业污染库提供的行业主要污染物排放数据，除以该行业的工业总产值，得到行业的污染排放强度。其次，对污染排放强度进行标准化处理，计算得出标准化后的行业污染排放强度。最后，把行业污染排放强度低于中位数水平的行业设定为清洁生产行业，其他行业为非清洁生产行业。设置反映行业清洁性质的虚拟变量，即清洁行业(clean)，在回归中添加清洁行业(clean)与混合所有制改革(reform)的交叉变量，检验该交叉变量的估计系数，以判断不同行业性质下，混改对污染排放强度的影响有何差异，结果见表6-8中的第(2)列。结果显示，交叉变量的估计系数显著为负，说明清洁行业中的企业进行混改更具有明显的减排效应。这可能是由于在一些非清洁行业，由于生产模式具有一定的路径依赖，在短期内混改还无法更好地发挥减排影响。

(三) 市场竞争的异质性检验

采用赫芬达尔指数计算行业集中度(HHI)，以反映行业的市场竞争水平，该指数越高，意味市场垄断程度越高，竞争水平较弱(李红阳和邵敏，2019)。在回归中增加行业集中度与混合所有制改革(reform)的交叉变量，检验该交叉变量的估计系数，以判断不同市场竞争程度下，混改对污染排放强度的影响有何差异，结果见表6-8中的第(3)列。结果显示，交叉变量的估计系数显著为正，这说明行业集中度越低，产业竞争程度越高，混改越有助于减排，混改的减排效应在一些竞争性行业中更为明显。

(四) 出口性质的异质性检验

随着出口的"学习效应"，出口企业不仅能够提升自身管理水平，实现高效率，同时还享受着国外绿色技术支持。发达地区严格的环境标准也会倒逼企业不断提升设备水平，提高自我管理能力，促进企业能源效率水平的改善，最终实现污染减排。因此，在回归中加入出口状态(export)与混合所有制改革(reform)的交叉变量，检验该交叉变量的估计系数，以判断不同出口倾向下，混改对污染排放强度的影响有何差异，结果见表6-8中的第(4)列。结果显示，交叉变量的估计系数显著为负，说明出口可以更为显著地促进企业污染减排。

表6-8 异质性检验

变量	(1)	(2)	(3)	(4)
国有控股(state)×混合所有制改革(reform)	0.030 (0.067)			

续表

变量	（1）	（2）	（3）	（4）
国企参股（*share*）×混合所有制改革（*reform*）	−0.079** （0.048）			
转制民企（*private*）×混合所有制改革（*reform*）	−0.028 （0.057）			
清洁行业（*clean*）×混合所有制改革（*reform*）		−0.262** （0.090）		
行业集中度（*HHI*）×混合所有制改革（*reform*）			0.061** （0.021）	
出口状态（*export*）×混合所有制改革（*reform*）				−0.388* （0.032）
个体效应	控制	控制	控制	控制
年份效应	控制	控制	控制	控制
地区效应	控制	控制	控制	控制
行业×时间效应	控制	控制	控制	控制
聚类标准误	城市	城市	城市	城市
R^2	0.775	0.774	0.776	0.753
N	133417	133417	133417	133417

注：*、**、*** 分别表示估计系数在 0.1、0.05、0.01 的水平下显著；括号内的数字为聚类标准误。

四、机制检验

为了进一步探索混合所有制改革实现企业污染减排的机制路径，从全要素生产率、能源效率、能源结构三个路径开展实证检验。构建如下机制检验模型：

$$M_{itc} = \beta_0 + \beta_1 reform_{it} + Z_{it}\gamma + \eta_{id} + u_{time} + \lambda_{city} + \varepsilon_{itc} \tag{6-2}$$

其中，M 表示模型的机制变量，包括全要素生产率（*tfp*）、能源效率（*ef*-

ficiency)、能源结构(*estruc*),其他变量的界定与上文一致,回归结果见表6-9。由表6-9可以看出,混合所有制改革(*reform*)的估计系数在第(1)列、第(2)列中显著为正,但在第(3)列中并不显著,说明缓和所有制改革能够有效提升企业的全要素生产率,提高能源效率,但对于优化能源消费结构的作用不明显,这个结果与陈钊和陈乔伊(2019)、孙博文和张政(2021)的分析结果相符。

表6-9 传导机制检验

变量	(1) 全要素生产率(*tfp*)	(2) 能源效率(*efficiency*)	(3) 能源结构(*estruc*)
混合所有制改革(*reform*)	0.203 *** (0.023)	0.029 * (0.054)	0.006 (1.420)
控制变量	控制	控制	控制
个体效应	控制	控制	控制
年份效应	控制	控制	控制
地区效应	控制	控制	控制
行业×时间效应	控制	控制	控制
R^2	0.478	0.674	0.411
N	133417	133417	133417

注:*、**、*** 分别表示估计系数在0.1、0.05、0.01的水平下显著;括号内的数字为聚类标准误。

本章小结

本章根据前文理论分析得到混改影响企业污染排放的研究假设,利用1998~2013年中国工业企业污染数据库与中国工业企业数据库匹配得到数据,采用基于倾向得分匹配的多期DID方法检验混改对企业污染排放的微观影响效果。研究结果表明,国有企业混合所有制改革具有显著的污染减排效应。

具体表现为，与对照组相比，国企混改样本平均处理效应为-26.2%。另外，国企混改的污染减排效应在国企参股企业中更为显著，而国企控股与转制民企表现均不显著，说明国有企业应避免完全私有化。机制检验结果表明，混合所有制改革通过提高全要素生产率、改善能源效率从而实现污染减排，能源结构的优化对于污染减排没有显著影响。

| 第七章 |

混改影响企业污染排放的微观效果：
来自市场竞争的进一步检验

第一节　理论分析与研究假设

党的二十大报告指出，要"深化国资国企改革，加快国有经济布局优化和结构调整，推动国有资本和国有企业做强做优做大，提升企业核心竞争力"。以混合所有制改革（以下简称混改）为代表的国企改革历史已久，早在20世纪90年代，中国便允许国内民间资本和外资参与国有企业的改组改革，自此，国企开始了混改历程。什么样的混改可以将企业培养成为具有全球竞争力的一流企业？除一流的盈利能力之外，还应当履行一流的社会责任，尤其是环境治理的主体责任，这也正是党的二十大报告提出的"健全现代环境治理体系"的核心要义之一。大力推进生态文明建设、切实改善环境质量，需要厘清混改与企业污染排放之间的关系，这在一定程度上回答了什么样的深化改革在制度上是推动高质量发展的，什么样的混改在发展上是绿色的。

混改充分发挥不同性质资本的互补优势，缓解了代理问题（金宇超等，2016），形成合理的股权制衡（王欣和韩宝山，2018），剥离国企的政策性负担（廖冠民和沈红波，2014；陈思宇，2021），提高企业绩效（郝阳和龚六堂，2017），使得国有企业可以将更充分的资金用于污染治理。另外，混改还促使了企业创新（陈林等，2019；熊爱华等，2021；任广乾等，2021），提高生产效率（刘晔等，2016）和能源效率（孙博文和张政，2021），从源头减少污染的产生。因此，无论从污染产生的源头来看，还是从污染治理的末端来看，混改都可能有利于减少污染排放，现有研究也给出了一些经验证据（杜雯翠等，2017；李井林等，2021；孙博文和张政，2021；王世强，2021）。

然而，上述研究忽略了混改发挥治污减排作用的一个重要前提，那就是市场竞争。包括治污减排在内的社会责任行为是企业在综合考虑内部资源约束和外部市场竞争后做出的选择(Sethi and Sama，1988)。在不同市场竞争环境下，混改对国有企业治污减排可能会产生不同影响效果。这是因为：

第一，市场竞争是混改有效实施的前提，只有在竞争激烈的市场中，才能解决国有企业的政策性负担和预算软约束问题。市场竞争不仅会影响混改进程，还会影响混改效果(祁怀锦等，2019)。因为充分竞争领域的国企混改更加强调资本的收益功能，更有助于其剥离社会和政治职能(陈思宇等，2021)。同时，市场竞争下的"优胜劣汰"机制也会使非国有股东有更强的动机去优化内部治理结构，提高企业创新效率和生产效率，提高企业竞争力。

第二，市场竞争是促进企业创新的重要因素(Aghion et al.，2001；Aghion et al.，2005)，只有在激烈的市场竞争中，混改才能从本质上促使企业形成有效的，而不是形式上的权力制衡体系，促进企业创新行为和技术变革，从而更好地履行社会责任(周中胜等，2012)。基于此，市场竞争在国企混改与减排之间发挥了重要的调节作用，在不同的市场竞争环境下，混改的减排作用是有差异的，讨论混改的减排作用时不能忽视市场竞争。

混改可能通过生产效率、管理效率、能源效率三个方面影响企业治污减排，而在不同的市场竞争程度下，混改对治污减排的作用效果是不同的。

一、混合所有制改革、生产效率与治污减排

影响污染排放的三个重要因素包括规模、结构、技术(Grossman and Krueger，1991)，而在经济社会不断发展的背景下，技术进步又是治污减排的重中之重。国企混改可能通过促进企业创新与技术进步来推进污染减排。Boubakri等(2011)认为，在国企引入非国有资本会提高国企的风险承担能力，使国企愿意从事更多创新活动，获取更高技术水平。刘晔等(2016)研究发现，国有企业混改后，其全要素生产率显著提高。陈林等(2019)也同样发现，混改有利于推动企业创新，只是不同混改类型对不同规模企业创新的影响呈现出异质性。张斌等(2019)认为，无论从混合深度还是广度来说，混改均能够显著提高企业的创新绩效。冯璐等(2021)认为，混改缓解了国有企业大股东和小股东之间的代理冲突问题，促进了国企的创新行为。

国企混改可能通过促进企业创新与技术进步来实现污染减排，而这种影

响在不同市场竞争水平下又是不同的。刘晔等(2016)发现，与垄断性行业相比，竞争性行业的国企混改对企业效率的提升作用更大。熊爱华等(2021)发现，国有企业在市场化水平偏低的政策环境下，并不能通过混改促进创新绩效，而在市场化水平较高的环境下，非国有股东的加入明显提高了国有企业的创新绩效。之所以出现这种差异，是因为如果市场竞争程度较低，高利润的存在会导致拥有市场势力的企业不愿意创新研发，因而混改的减排作用较弱；市场竞争程度越高，利润率越低，企业通过研发创新甩开竞争对手以攫取超额利润的动机就越强，此时市场竞争便会对企业研发投入产生正向的促进作用，混改的减排作用较强。

二、混合所有制改革、管理效率与治污减排

作为企业内部的微观制度设计，公司治理能够有效协调各利益相关者间的关系，形成合理的制衡结构，保证企业决策的科学合理性，而环境行为与策略的选择就是非常重要的非生产行为决策。在混改过程中非国有股东通过委派高管可以有效实现所有者到位，改善国有企业的内部治理机制，通过产权的明晰和激励机制的改善，对企业经营效率产生积极影响(马连福等，2015)。而企业管理效率的提升也有助于企业经营绩效的提高，为治污减排提供更多的资金来源，进而实现治污减排。

国企混改可能通过提升企业管理效率来影响企业污染排放，而这种影响在不同市场竞争水平下也是不同的。这是因为在市场竞争较为激烈的行业中，优胜劣汰的机制更为完善，国企经理层有更强烈的内在意愿去提升企业经营效率和管理制度(杨青等，2018)，对利益相关者的诉求和期望更为关注，也有更大的动力去履行社会责任(周中胜等，2012；李井林等，2021)，以获得市场认可。因此，我们认为在市场竞争较为激烈的行业中，混改对管理效率的提升更强，混改的减排效果可能更加明显。

三、混合所有制改革、资源效率与治污减排

能源是工业生产中的主要资源，能源效率是减缓工业能耗增长的最重要因素，而国企由于软预算约束的存在往往存在过度挤占资源且利用效率低下的问题(陈钊和陈乔伊，2019)。混合所有制改革可以剥离企业的政策性负担

（陈思宇，2021），硬化预算约束，进而迫使企业通过提高能源效率来实现盈利（刘瑞明等，2015；孙博文和张政，2021）。以煤炭为主的化石能源是产生大气污染的主要来源，能源使用效率的提升将从源头减少污染的产生量，从而实现减排。

国企混改可能通过改善资源效率来促进污染减排，这种影响在不同市场竞争条件下也是存在差异的。只有在激烈的市场竞争机制下，企业才更加在意投入与产出的关系，关注资源的配置与利用效率，才有可能尽力节约资源成本，降低能源低效率问题。而当市场竞争环境不够公平的时候，资源价格可能会被扭曲，市场供求关系无法顺畅地传递到企业和消费者，要素资源无法合理流动，企业的资源配置效率不高。因此，我们认为在市场竞争较为激烈的行业或地区，混改对资源效率的提升更为明显，减排效果更佳。

基于上述分析，提出本书的研究假设：

研究假设 7-1：国有企业的混合所有制改革可以显著降低污染排放。

研究假设 7-2：市场竞争越激烈，国企混改的减排效应越强；反之越弱。

第二节　模型设定、变量定义与数据说明

一、模型设定

考虑到不同企业进行混合所有制改革的时间节点不同，为科学评估混改对国有企业治污减排的影响效应，采用多期 DID 模型，构建如下计量模型：

$$pollu_{i,t} = \beta_0 + \beta_1 reform_{i,t} + X\gamma + \delta_i + \upsilon_t + \varepsilon_{i,t} \tag{7-1}$$

其中，i 表示企业，t 表示年份；$pollu_{i,t}$ 表示因变量，表示 i 企业 t 年的污染排放；$reform_{i,t}$ 为核心自变量，$reform_{it} = treat_i \times post_t$，表示 i 企业在 t 年是否发生了混改；X 表示一系列其他可能影响企业污染排放的控制变量；δ_i 表示企业固定效应，υ_t 表示年份固定效应，ε_{it} 表示残差项。本书研究的是混改对污染减排的影响，因而主要关注估计系数 β_1，如果 $\widehat{\beta_1} < 0$，那么说明混改显著减少了国有企业的污染减排，有助于国有企业治污减排，反之说明混改不利于治污减排。

为进一步判断市场竞争对混改的治污减排效果的影响，在模型（1）的基础上将核心自变量换成行业竞争（$comp_i$）与混改（$reform_t$）的交乘项（$comp_i \times reform_t$），构建如下计量模型：

$$pollu_{i,t} = \alpha_0 + \alpha_1 comp_{i,t} \times reform_{i,t} + X\gamma + \delta_i + \upsilon_t + \varepsilon_{i,t} \qquad (7-2)$$

其中，$comp_i \times reform_t$ 表示核心自变量，我们关注系数 α_3，如果 $\widehat{\beta_1} < 0$ 且 $\widehat{\alpha_3} < 0$，那么说明市场竞争在混改与污染减排间发挥了正向调节作用，即市场竞争越激烈，混改的治污减排效应就越强。其余变量含义与模型（7-1）相同。

二、变量选取

（一）因变量：污染排放（$pollu$）

用企业 i 在第 t 年的污染物排放强度衡量污染排放，污染排放强度等于污染排放量与工业总产值的比值。考虑到不同企业有不同的特征污染物，选择工业化学需氧量（COD）、工业二氧化硫（SO_2）、工业烟粉尘作为特征污染物，工业 COD 衡量的是水污染情况，工业 SO_2 和工业烟粉尘衡量的是大气污染情况。具体地，工业 COD 排放强度、工业 SO_2 排放强度和工业烟粉尘排放强度的单位均为千克/万元，在回归中上述三个排放强度均取自然对数。

（二）自变量：混改（$reform$）

$reform_{it} = treat_i \times post_t$，若企业 i 在样本期经历了改革，则 $treat_i$ 取值为 1，否则取值为 0；若企业所在的年份处于改革当年及之后年份，则 $post_t$ 取值为 1，否则取值取 0。参照孙博文和张政（2021）的方法，将实收资本中国有资本金比例为 100% 的企业定义为国有企业，将国有资本金中引入集体资本、个人资本、港澳台资本等非国有资本的国有企业定义为进行了混合所有制改革的国有企业。之所以选择这种定义方式，而不根据企业登记注册类型来确定国有企业，是因为一些企业虽然注册为国有企业，但实际控股的并不是国有企业，且仅根据注册类型无法准确判断国有企业实质发生股权变更的时间。

（三）调节变量：市场竞争（comp）

产品市场竞争通常采用赫芬达尔指数（Herfindahl-Hirschman Index，HHI）衡量，计算公式为 $HHI_{kt} = \sum_{i=1}^{n} (Sale_{ikt}/Sale_{kt})^2$，其中 $Sale_{kt}$ 为第 t 年企业所在 k 行业的主营业务收入，$Sale_{ikt}$ 为企业 i 第 t 年的主营业务收入，HHI 指数位于 0 到 1 之间，该数值越大说明市场竞争强度越小，为了方便回归中理解估计系数的含义，用 1 减去 HHI 得到行业竞争（comp），即 $comp_{kt} = 1 - HHI_{kt}$，该数值越大表示行业竞争越激烈；反之表示竞争越弱。

（四）控制变量

从业规模（labor）、企业年龄（age）、出口（export）、资本密集度（capital）、资产负债率（debt）、城市经济密度（density）。从业规模（labor）用企业年平均从业人数表示（单位：人）；企业年龄（age）用样本所在年份减去其成立年份后加 1 表示（单位：年）；出口（export）是哑变量，如果企业出口额大于 0，那么取值为 1，否则取值为 0；资本密集度（capital）用企业实收资本与从业人数的比值表示（单位：千元/人）；资产负债率（debt）用企业负债总额除以资产总额得到；城市经济密度（density）用城市 GDP 与地理面积的比值表示，以控制企业所在城市因素的影响。另外，从业规模（labor）、企业年龄（age）、资本密集度（capital）、资产负债率（debt）、城市经济密度（density）五个变量均取自然对数。

三、数据来源与说明

本章使用了 1998～2007 年中国工业企业数据库和中国工业企业污染数据库的匹配数据进行实证分析。之所以不采用 1998～2014 年的数据，是因为 2008 年、2009 年的工业企业数据库中国家资本金数据缺失，无法计算混合所有制改革变量，并且 2010 年工业企业数据库的数据质量存在较大问题，2011 年工企污染数据库中的煤炭数据缺失，采用 1998～2007 年的数据进行实证分析更为可靠。工业企业数据库涵盖了所有国有企业及规模以上的私营企业，包含企业从业人数、工业总产值、资产、主营业务收入/成本、管理费用等各类经营数据，具有良好的代表性和广泛性。工企污染数据库详细记录了工业企业的各类污染物排放、产生与处理数据以及能源消耗数据，是目前研究企业环境绩效最权威、可靠的微观数据库。

对于工业企业数据库的处理同第四章，本章的研究对象为国有企业，剔除在某一年后国有资本金比例大于之前比例的异常样本，最终获得 1998~2007 年 16450 家国有企业的样本，共计 56058 个观测值，其中 5578 家国有企业经历了混合所有制改革。

第三节　描述性统计

表 7-1 为主要变量的描述性统计结果，从企业主要发生混改的年份来看，1998~2003 年发生混改的企业数量增长较快，2003 年以后发生混改的企业数量有所增加但增长速度变缓。原因可能在于 1992~2003 年国有经济布局发生战略性调整，这是混改迅速发展的"黄金十年"，2003 年以后混改进入了调整完善期，混改速度减慢。

表 7-1　描述性统计

变量		样本量	均值	标准差	最小值	最大值
污染排放(pollu)	工业 SO_2	45414	1.912	2.087	-9.861	11.45
	工业 COD	40077	0.601	2.427	-12.68	11.05
	工业烟粉尘	43263	1.102	2.210	-11.42	9.783
混改(reform)		56086	0.265	0.441	0	1
市场竞争(comp)		56024	0.937	0.023	0.372	0.977
从业规模(labor)		56086	6.127	1.198	2.079	12.02
企业年龄(age)		55985	3.126	0.961	0	7.602
企业出口(export)		56086	0.239	0.426	0	1
资本密集度(capital)		56040	3.171	1.271	-6.054	9.850
资产负债率(debt)		56047	-0.383	0.520	-12.78	2.716
城市经济密度(density)		52669	7.831	1.401	3.570	11.710

第四节　回归结果

一、基础回归结果

分别以工业 COD 排放强度、工业 SO_2 排放强度、工业烟粉尘排放强度作为因变量，基于多期 DID 估计方法，对计量模型(7-1)和模型(7-2)进行估计，结果如表 7-2 所示。

表 7-2　基准回归结果

变量	COD		SO_2		烟粉尘	
	(1)	(2)	(3)	(4)	(5)	(6)
混改(*reform*)	-0.069 ** (0.027)		-0.013 (0.021)		-0.067 *** (0.024)	
市场竞争(*comp*)× 混改(*reform*)		-0.073 ** (0.029)		-0.018 (0.023)		-0.076 *** (0.026)
从业规模(*labor*)	-0.305 *** (0.028)	-0.307 *** (0.028)	-0.289 *** (0.022)	-0.289 *** (0.022)	-0.346 *** (0.025)	-0.345 *** (0.025)
企业年龄(*age*)	0.008 (0.014)	0.007 (0.014)	0.006 (0.011)	0.006 (0.011)	0.011 (0.012)	0.011 (0.012)
企业出口 (*export*)	-0.084 ** (0.035)	-0.083 ** (0.035)	-0.073 ** (0.029)	-0.073 ** (0.029)	-0.109 *** (0.033)	-0.108 *** (0.033)
资本密集度 (*capital*)	-0.037 *** (0.014)	-0.037 *** (0.014)	-0.039 *** (0.010)	-0.038 *** (0.010)	-0.032 *** (0.012)	-0.031 ** (0.012)
资产负债率 (*debt*)	0.058 ** (0.026)	0.058 ** (0.026)	-0.018 (0.020)	-0.020 (0.020)	0.030 (0.023)	0.029 (0.023)

变量	COD		SO$_2$		烟粉尘	
	（1）	（2）	（3）	（4）	（5）	（6）
城市经济密度（density）	-0.135 (0.193)	-0.135 (0.193)	-0.336** (0.142)	-0.336** (0.142)	-0.302* (0.158)	-0.302* (0.158)
常数项	3.760** (1.557)	3.778** (1.557)	6.388*** (1.105)	6.381*** (1.104)	5.664*** (1.233)	5.660*** (1.233)
企业固定效应	是	是	是	是	是	是
年份固定效应	是	是	是	是	是	是
观测值	36784	36740	41732	41695	39637	39600
R^2	0.775	0.775	0.795	0.795	0.780	0.780

注：*、**、***分别表示估计系数在0.1、0.05、0.01的水平下显著，括号中的数字是稳健性标准误。

表7-2的第（1）（3）（5）列是模型（1）的回归结果，可以看出，混改（reform）的估计系数在第（1）（5）列回归中显著为负，但在第（3）列并不显著。说明混改实施后，样本企业的工业COD排放强度、工业烟粉尘排放强度都呈现显著下降趋势，但工业SO$_2$排放强度没有明显变化，混合所有制改革对于工业COD和工业烟粉尘具有显著的减排作用，假设7-1是成立的。混改对工业SO$_2$的减排作用不明显，可能的原因是SO$_2$是国家强制性减排的污染特征物，也是主要的大气污染物，而样本期间曾出台了多种针对大气污染物的减排措施和政策法规，这使回归结果可能会受到其他政策的多重干扰。不过工业烟粉尘的估计结果仍然是显著的，这一方面是因为工业烟粉尘不是强制性减排的特征污染物，另一方面是因为排放工业烟粉尘的工业企业数量相对较少，受政策影响不明显。

第（2）（4）（6）列是模型（2）的回归结果，可以看出，交乘项（comp×reform）的估计系数在第（2）（6）列中均显著为负，结合混改（reform）的估计系数显著为负，说明企业所在行业的市场竞争越激烈，混改对工业COD和工业烟粉尘的减排作用越明显，相反，行业的市场竞争越不充分，混改的减排作用越弱。在市场竞争较为充分的行业中，实施混合所有制改革，对于实现环保目标是有利的，假设7-2也是成立的。

控制变量的估计结果也有一定启示作用，从业规模（*labor*）的估计系数在六列回归中均显著为负，说明企业规模越大，污染排放强度越小，这是因为与小企业相比，大企业更有可能充分利用生产和治污中的规模优势，降低污染排放强度。企业出口（*export*）的估计系数在六列回归中均显著为负，说明涉出口业务企业的污染排放强度更低，这是由于出口企业所面对的市场竞争更强，竞争促进其更为积极地推动污染治理技术进步（谭用和盛丹，2022）。资本密集度（*capital*）的估计系数在六列回归中均显著为负，说明资本密集度越高，企业污染排放强度越低。资产负债率（*debt*）的估计系数在第（1）（2）列中显著为正，但在其他列中并不显著，说明企业资产负债率越高，工业 COD 排放强度越大，但资产负债率对大气污染物排放强度的影响不明显。城市经济密度（*density*）的估计系数在第（3）至（6）列中显著为负，但在第（1）（2）列中并不显著，说明城市单位土地面积创造的 GDP 越高，大气污染排放强度越低，但水污染排放强度没有明显变化，这与大气污染与水污染的差异性有关，水污染的载体是水体，而大气污染的载体是空气，一个城市的水体空间是既定的，与城市开发程度没有太大关系。

二、稳健性检验

（一）平行趋势检验

双重差分检验的重要前提是样本要满足平行趋势假设，为了检验混改之前各企业的污染物排放强度是否满足平行趋势假设，利用事件研究法构建如下计量模型：

$$pollu_{it} = \sum_{k=-5}^{2} \alpha_k D_{it}^k + X\gamma + \delta_i + v_t + \tau_j + \varepsilon_{it} \tag{7-3}$$

其中，虚拟变量D_{it}^k表示 t 年企业 i 是否处在其发生混改的第 k 年。假设f_i是企业实施混改的年份，如果 $t-f_i=k$，那么$D_{it}^k=1$，否则为 0。$k=-5$，-4，-3，-2，-1，0，1，2，…，α_k 捕获了混改发生前后处理组与控制组之间的系统性差异。

基于表 7-2 的回归结果，由于混改只对工业 COD 和工业烟粉尘存在减排作用，因此，图 7-1 基于这两种污染物排放强度，绘制参数α_k改革前后各期的估计值及 90% 的置信区间。图 7-1（a）（b）中实线左侧是混改前 3 期，可以

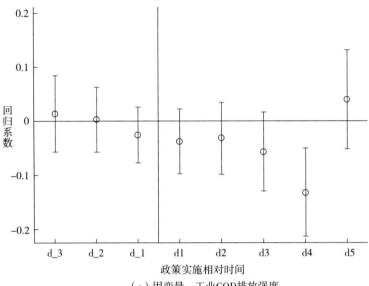

（a）因变量：工业COD排放强度

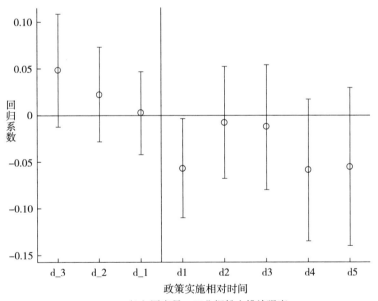

（b）因变量：工业烟粉尘排放强度

图7-1　平行趋势检验

看出处理组与控制组的工业 COD 和烟粉尘排放强度在混改前均不存在显著差异，满足平行趋势假设。观察图 7-1（a）（b）中的实线右侧可以看出，混改之后实验组的工业 COD 与烟粉尘排放强度均呈现出明显的下降趋势。混改对工业 COD 的减排效应呈现出滞后性，混改后第 4 期工业 COD 排放强度才显著为负，而在第 1 期工业烟粉尘排放强度就已经显著为负。之所以存在这样的差异，原因可能是不同污染物的减排技术和减排难度有所不同。相较于工业烟粉尘，工业 COD 的治理技术和减排难度更大，这需要源头防治、过程控制和末端治理的全过程治理，并且更依赖环境技术转移，直接治理投资的作用不大（杜雯翠，2013）。相比之下，工业烟粉尘的减排对于治理技术和治理投资具有更直接的反应（郭政等，2020），因而混改对国有企业工业烟粉尘减排效应的滞后期更短。

（二）替代核心变量

市场竞争是本研究的核心变量，基础回归中采用工业企业所在行业的 HHI 指数计算市场竞争程度，验证了假设 7-2，在稳健性检验中，尝试从如下两个方面替代市场竞争变量，以保证结果的稳健性：

第一，根据 HHI 指数的中位数将行业分为高竞争与低竞争两组，将 HHI 指数低于中位数的行业定义为高竞争行业，高于中位数的行业定义为低竞争行业，对两组样本分别估计计量模型（1），结果见表 7-3。可以看出，混改（reform）的估计系数只在高竞争行业的回归中显著为负，在低竞争行业中均不显著，这表明混改对污染物的减排作用只在高竞争行业中起作用，在低竞争行业中没有效果，同样验证了假设 7-2。

表 7-3　稳健性检验（行业竞争性分组）

变量	高竞争行业		低竞争行业	
	（1）	（2）	（3）	（4）
	COD	烟粉尘	COD	烟粉尘
混改（reform）	-0.093**	-0.064*	-0.047	0.007
	(0.044)	(0.037)	(0.040)	(0.038)
控制变量	是	是	是	是

变量	高竞争行业		低竞争行业	
	（1）	（2）	（3）	（4）
	COD	烟粉尘	COD	烟粉尘
企业固定效应	是	是	是	是
年份固定效应	是	是	是	是
常数项	4.836** (2.157)	2.814* (1.668)	2.518 (2.965)	4.548 (3.003)
观测值	16833	19196	17056	17114
R^2	0.808	0.793	0.780	0.817

注：*、**、***分别表示估计系数在0.1、0.05、0.01的水平下显著，括号中的数字是稳健性标准误。

第二，采取 CR4、CR8、行业中的企业个数、勒纳指数共四种方法计算市场竞争（comp）变量。①行业集中度（CR4）。CR4 表示某行业营业收入较多的前4家企业营业收入之和占行业总收入的比重，CR4 越大表明行业集中度越高，行业竞争越不激烈，用1减去 CR4 计算得到市场竞争（comp），对计量模型（7-2）进行估计，结果见表7-4的第（1）（2）列。结果表明，交乘项（comp×reform）的估计系数均显著为负，结论稳健。②行业集中度（CR8）。CR8 表示某行业营业收入较多的前8家企业营业收入之和占行业总收入的比重，用1减去 CR8 计算得到市场竞争（comp），对计量模型（7-2）进行估计，结果见表7-4中的第（3）（4）列，结果仍然稳健。③行业中的企业个数。企业个数也是反映行业竞争程度的重要指标，企业数量越多，行业竞争越激烈，用1减去企业数量的倒数计算得到市场竞争（comp），计量模型（7-2）的估计结果见表7-4中的第（5）（6）列，结果稳健。④勒纳指数。参照 Aghion 等（2005）、康志勇等（2018）的做法，计算企业 i 在 t 时期的勒纳指数，再估算行业的竞争程度，重新估计模型（7-2），结果见表7-4中的第（7）（8）列，结果也是稳健的。

表7-4 稳健性检验（替代市场竞争变量）

变量	CR4		CR8		企业个数		勒纳指数	
	COD	烟粉尘	COD	烟粉尘	COD	烟粉尘	COD	烟粉尘
	（1）	（2）	（3）	（4）	（5）	（6）	（7）	（8）
市场竞争(comp)× 混改(reform)	-0.074**	-0.080**	-0.068*	-0.073**	-0.069**	-0.067***	-0.076**	-0.070**
	(0.036)	(0.031)	(0.040)	(0.035)	(0.028)	(0.025)	(0.033)	(0.029)
常数项	3.763**	5.670***	3.765**	5.671***	3.760**	5.664***	3.761**	5.666***
	(1.557)	(1.233)	(1.557)	(1.233)	(1.557)	(1.233)	(1.557)	(1.233)
控制变量	是	是	是	是	是	是	是	是
企业固定效应	是	是	是	是	是	是	是	是
年份固定效应	是	是	是	是	是	是	是	是
观测值	36784	39637	36784	39637	36784	39637	36784	39637
R^2	0.775	0.780	0.775	0.780	0.775	0.780	0.775	0.780

注：*、**、***分别表示估计系数在0.1、0.05、0.01的水平下显著，括号中的数字是稳健性标准误。

三、异质性检验

不同股权类型的制衡对企业社会责任履行有着不同影响，企业的股权制衡度越高，越能关注到多方主体利益，越注重社会责任履行（王欣和韩宝山，2018；冯晓晴等，2020）。基于此，我们认为不同混改程度下，市场竞争对混改减排作用的影响可能不同。在混改后仍是国有控股的企业中，股权制衡度较低，市场竞争对混改减排作用的影响不大；而在混改后是国有参股的企业中，股权制衡度较高，市场竞争更容易对混改减排作用产生影响。将改革后国有企业的控股比例高于50%的企业定义为国有控股，控股比例大于等于0但小于50%的企业定义为国有参股，分别对两类样本进行计量模型（7-2）的估计，结果见表7-5。可以看出，交乘项（comp×reform）的估计系数在国有控股样本的回归中均不显著，而在国有参股样本的回归中均显著为负，说明股权制衡度越高，市场竞争对混改减排作用的影响越明显。

表 7-5　异质性检验

变量	国有控股		国有参股	
	COD	烟粉尘	COD	烟粉尘
	（1）	（2）	（3）	（4）
市场竞争（comp）× 混改（reform）	-0.045	-0.072	-0.080 ***	-0.081 ***
	（0.078）	（0.066）	（0.031）	（0.027）
常数项	6.480 **	6.458 ***	3.779 **	5.888 ***
	（2.620）	（1.767）	（1.564）	（1.240）
控制变量	是	是	是	是
企业固定效应	是	是	是	是
年份固定效应	是	是	是	是
观测值	20071	22599	35010	37592
R^2	0.795	0.793	0.772	0.780

注：＊、＊＊、＊＊＊分别表示估计系数在0.1、0.05、0.01的水平下显著，括号中的数字是稳健性标准误。

四、机制检验

现有研究发现混改会有效激发企业创新行为（陈林等，2019；熊爱华等，2021），促进企业的技术进步（刘晔等，2016），提高能源使用效率（孙博文和张政，2021），因此，为了进一步检验混改减排作用以及市场竞争对减排效果的影响究竟是如何产生的，结合现有文献讨论，从生产效率、管理效率和资源效率三个方面进行机制检验。构建如下机制检验模型：

$$M_{i,t}=\rho_0+\rho_1 reform_{i,t}+\rho_2 comp_{i,t}+\rho_3 comp_{i,t}\times reform_{i,t}+X\gamma+\delta_i+\upsilon_t+\varepsilon_{i,t} \qquad (7-4)$$

其中，M_{it}表示机制变量，包括生产效率（pro_eff）、管理效率（man_eff）、资源效率（res_eff）三个机制变量，其余变量均与计量模型（7-1）保持一致。

生产效率（pro_eff）是用该企业的全要素生产率表征，采用LP法估计并取对数处理。管理效率（man_eff）是用营业收入与管理费用比值表示，并取自然对数。由于本章关注水污染和大气污染两类污染物，因此这里分别考虑水资源和煤炭资源的使用效率。能源效率（ene_eff）是用企业单位工业产值的能源消耗量表示，水资源效率（wat_eff）是用工业用水总量中新鲜用水量的占比表示。估计结果见表7-6，在第（1）（2）列的回归中，混改（reform）的估计系数显著为正，说明混改后企业的生产效率和管理效率都得到显著提升。交乘项（comp×reform）的估计系数显著为正，说明在市场竞争较为激烈的行业中，混改对生产效率和管理效率的改进作用更大，而这也会直接促进企业污染排放强度的降低。在第（3）（4）列的回归中，混改（reform）的估计系数显著为负，说明混改降低了工业企业单位产值的能源消耗量和水资源消耗量，提升了资源使用效率。交乘项（comp×reform）的估计系数显著为负，说明在市场竞争更激烈的行业中，混改对企业资源利用效率的提升作用更大，企业单位产值的资源消耗更低。由此可见，混改的减排作用是通过生产效率、管理效率和资源效率三个机制实现的，而三个机制的实现在不同市场竞争条件下也是存在差异的。

表7-6　机制检验

变量	生产效率	管理效率	能源效率	水资源效率
	（1）	（2）	（3）	（4）
混改（reform）	0.099*** （0.012）	0.122*** （0.010）	−0.046*** （0.014）	−0.037** （0.017）
市场竞争（comp）× 混改（reform）	0.110*** （0.013）	0.124*** （0.010）	−0.051*** （0.015）	−0.045** （0.018）
常数项	4.229*** （0.630）	1.126** （0.521）	2.337*** （0.701）	6.384*** （0.910）
控制变量	是	是	是	是
企业固定效应	是	是	是	是
年份固定效应	是	是	是	是
观测值	48412	52233	40036	49154
R^2	0.842	0.775	0.897	0.806

注：*、**、***分别表示估计系数在0.1、0.05、0.01的水平下显著，括号中的数字是稳健性标准误。

本章小结

　　充分的市场竞争环境是混改发挥治污减排作用的重要前提，在市场竞争较为激烈的行业中，企业通过研发创新甩开竞争对手以攫取超额利润的动机越强，经理层提升经营效率和管理效率的内在意愿也更强烈，企业更关注资源的配置与利用效率，资源价格被扭曲的可能性更小，而这些都将有助于混改减排作用的实现。本章基于 1998~2007 年工业企业数据库与工业企业污染数据库的匹配数据，利用多期 DID 模型实证检验了混改对国企减排的治理效应，以及市场竞争对两者关系的影响。实证结果表明混合所有制改革对于工业 COD 和工业烟粉尘具有显著的减排作用，但对工业 SO_2 的减排作用并不明显。市场竞争的调节效应表明，企业所在行业的市场竞争越激烈，混改对工业 COD 和工业烟粉尘的减排作用越强；相反，行业市场竞争越不充分，混改的减排作用越弱，充分的市场竞争环境更有利于混改和环保双重目标的实现。另外，企业生产效率、管理效率与资源效率的提高是混改促进污染减排的重要途径。

| 第八章 |

混改影响行业污染排放的宏观效果[①]

第一节　混改与产权多元化

混改的本质是产权多元化，混改对企业污染排放的影响本质上是比较不同所有制企业的污染行为。有些讨论认为，国有企业具有较强的讨价还价能力和良好的政企关系，也可能由于政企合谋、选择性执法等原因逃避环保部门的监督而造成更为严重的环境污染（Wang and Jin，2007；龙硕和胡军，2014；冯俊诚，2017）。而且，国有企业普遍存在能耗高、效率低等问题（刘小玄，2000），这也会间接引起环境污染。另外，国有企业有其先天的"身份优越感"，有些国企与当地政府"平级"或者行政级别更高，导致一些地方政府监管难度的加大。然而，在经济学逻辑下，一般企业的目标是利润最大化，而国有企业因其特殊的产权性质，会在一定程度上将降低环境污染纳入企业的目标函数。原因有三：

第一，国有企业所有权与控制权的分离，使国有企业经营者的目标函数并非企业利润最大化，而是自身收益最大化或风险最小化。因此，与私营企业相比，国有企业经营者并不"在乎"治污成本，而是更关注自己的职位升迁。

第二，"十一五"以来，主要污染物减排被纳入约束性指标，进入"十二五"，国家环境保护部受国务院委托与重点央企签订减排目标责任书，尤其是党的十八大以来，生态文明已明确纳入政府官员的考核体系，国有企业的负责人也面临同样的问题。因此，与私营企业相比，国有企业环境违法的成本

---

① 本章内容以《企业产权多元化对环境污染的门槛效应检验》为标题，发表于《财贸经济》2017年第12期。

95

更高，不仅包括罚款等经济成本，还包括国有企业领导者的声誉成本和政治成本。

第三，中国的国有企业大多规模较大，属于环境保护部门重点监测的企业，在治污减排、环境监测、环境审批、数据上报等方面接受多个部门的监督监管，环境违法被发现的概率更高。因此，即使国有企业在环境事故发生之后可能会受到地方政府的"关照"或"庇护"，但它们并没有充分动机去污染环境。

现有文献关于所有制（或产权多元化）（partial privatization）与环境污染关系的理论讨论始于 Ohori（2004，2006），不过，最早将产权多元化和环境规制（及环境税）作为两种政策选择置于同一个理论模型的相关讨论则是由 Beladi 和 Chao（2006）开创的。Beladi 和 Chao（2006）利用古诺（Cournot）模型分析了产权性质对环境质量的影响，认为产权多元化会降低总产出，减少污染排放，但同时也会鼓励更低的排污税率，进而增加污染排放，不过，两种效用综合作用的结果是，产权多元化会恶化环境。随后一些文献放松了 Beladi 和 Chao（2006）的完全私有化假设或产品无差异假设，进一步讨论了产权与环境污染之间的数学关系，认为产权多元化有助于改善环境（Bárcena-Ruiz and Garzón，2006；Wang，et al.，2009；Wang and Wang，2009；Kato，2013），还有的文献利用伯特兰德（Bertrand）模型（Xu et al.，2016）展开了类似的讨论。近年来，随着理论研究的丰富，特别是假设条件的放松，越来越多的研究认为产权多元化与环境污染之间并不是简单的线性关系，而是非线性的（Saha，2012；Pal and Saha，2015；Tsai，Wang and Chiou，2016；Xu et al.，2016）。例如，Saha（2012）认为，当私营经济比重较低时，产权多元化的提高会恶化环境，但当私营经济比重达到一定水平后，产权多元化就会改善环境质量。Pal 和 Saha（2015）认为，产权多元化与环境损害的关系是非线性的，如果国有企业不关注环境，那么产权多元化与环境损害之间的关系是 U 形的，如果国有企业关注环境，两者之间的关系先是 U 形的，然后变为倒 U 形。Tsai 等（2016）也认为产权多元化对环境质量的影响不是单调的，而两者的关系取决于外部性被内化的程度，在低污染行业，产权多元化助于改善环境，但在重污染行业，产权多元化会加剧环境污染。

尽管关于产权多元化与环境污染的理论模型在不断完善，但由于数据原因，相应的实证研究却并不见多。Earnhart 和 Lízal（2007）利用 1991～1998 年捷克企业数据，估计不同所有制企业的经济绩效和环境绩效，认为保持国有化有利于环境质量，可是，其所用的是环境绩效数据，而不是环境污染数据。
Wang 和 Jin（2007）利用 1999 年在江苏丹阳、贵州六盘水、天津三个城市发放
的 1000 份问卷调查数据，比较不同产权性质企业的环境绩效，认为产权多权
化有利于环境质量。卢现祥和许晶（2012）利用中国省级数据验证所有制与环
境污染的关系，尽管获得了面板数据，但省份国有经济比重变化是多个行业
的叠加，其结论对以行业为主体的产权多元化改革和行业减排并没有太大的
借鉴意义。

　　显然，产权多元化与环境污染的关系需要更多实证检验，而且，仅有的
研究并没有进一步考察产权多元化与环境污染之间是否存在非线性关系。为
此，本章利用 2005～2013 年中国 34 个工业行业的面板数据，通过门槛模型检
验所有制与环境污染之间是否存在如理论模型所述的非线性数量关系，从实
证角度对理论文献做出验证。

第二节　产权多元化与环境污染的比较分析

一、样本说明与行业调整

　　采用 2005～2013 年中国 34 个工业行业的面板数据作为研究样本，原始数
据来自历年的《中国环境年鉴》《中国工业统计年鉴》《中国科技统计年鉴》《中
国能源统计年鉴》。其中，环境数据来自《中国环境年鉴》，工业产值数据来自
《中国工业统计年鉴》，研发数据来自《中国科技统计年鉴》，能源数据来自
《中国能源统计年鉴》。

　　由于《国民经济行业分类》于 2011 年进行了第三次修订，使样本区间内行
业分类出现差异，为了获得平衡面板数据，对行业分类稍作删除、归并等调
整。被删除的行业包括以下七个：

　　（1）开采辅助活动。2003～2010 年，《中国环境年鉴》没有披露该行业的
污染排放数据，从 2011 年开始才有相关披露。

　　（2）其他采矿业。2009～2013 年，《中国科技统计年鉴》不再披露该行业
的 R&D 经费支出数据。

(3)废弃资源综合利用业。2003~2010 年,《中国环境年鉴》披露的是"废弃资源和废旧材料回收加工业";2011~2013 年,行业名称改为"废弃资源综合利用业"。从名称上来看,尽管这两个行业名称并没有太大差别,但从企业数量来看,2011 年以后该行业企业数量激增,说明行业名称的改变还是带来了企业归并变动,为了避免这种变化带来的扰动,因此将该行业删除。

(4)金属制品、机械和设备修理业。2003~2010 年,《中国环境年鉴》没有披露该行业的污染排放数据,从 2011 年开始才有相关披露。

(5)燃气生产和供应业。2011~2013 年,该行业的污染数据缺失。

(6)水的生产和供应业。2011~2013 年,该行业的污染数据缺失。

(7)其他行业。2012 年、2013 年,《中国环境年鉴》不再披露该行业的污染排放数据。

上述七个行业的删除对整体分析应该没有产生较大影响,因为这七个行业的工业废水排放量占全部行业工业废水排放量的比例都较低,均在 0.1%以下。做归并调整的行业包括以下三个:

(1)将 2005~2010 年的"橡胶制品业"与"塑料制品业"合并为"橡胶和塑料制品业"。

(2)将 2011~2013 年的"汽车制造业"与"铁路、传播、航空航天和其他运输设备制造业"合并为"交通运输设备制造业"。

(3)制鞋业在 2011 年以后被归入"皮革、毛皮、羽毛及其制品和制鞋业",在此之前被归入"纺织服装、鞋、帽制造业",由于污染的相关数据没有制造业细分行业的,因此没有办法将制鞋业分离出来。不过,鉴于制鞋业的体量与"纺织服装、服饰业"和"皮革、毛皮、羽毛(绒)及其制品业"相比来说较小,因此这里忽略了制鞋业归并变化带来的影响。

二、工业行业的产权多元化与 COD 排放强度

改革开放以来,中国不断推进企业产权多元化。从"以公有制为主体,多种经济成分共同发展",到"毫不动摇地巩固和发展公有制经济,毫不动摇地鼓励、支持和引导非公有制经济",中国所有制结构发生了显著变化。数据显示,1994 年,中国规模以上工业企业的总产值中 37%由国有企业贡献,2013 年的这一比例下降至 21%。表 8-1 比较了 2005 年和 2013 年 34 个工业行业的国有经济比重与 COD 排放强度的变化情况。

表 8-1　2005 年与 2013 年工业行业国有经济比重与 COD 排放强度

行业	2005 年		2013 年	
	国有工业产值比例（%）	COD 排放强度（吨/亿元）	国有工业产值比例（%）	COD 排放强度（吨/亿元）
煤炭开采和洗选业	67.77	10.03	52.70	4.28
石油和天然气开采业	90.51	2.66	87.70	1.11
黑色金属矿采选业	20.35	15.06	14.02	1.11
有色金属矿采选业	41.01	52.86	28.42	7.30
非金属矿采选业	19.78	27.03	10.35	1.29
农副食品加工业	10.27	63.80	5.49	7.90
食品制造业	12.61	41.00	5.20	6.16
酒、饮料和精制茶制造业	27.31	60.79	15.43	13.24
烟草制品业	99.02	1.70	99.33	0.27
纺织业	7.29	23.57	1.96	7.17
纺织服装、服饰业	2.21	4.28	0.94	0.90
皮革、毛皮、羽毛及其制品和制鞋业	0.70	21.70	0.69	4.38
木材加工及木、竹、藤、棕、草制品业	9.44	15.23	1.73	1.26
家具制造业	3.76	0.68	1.32	0.11
造纸及纸制品业	12.59	383.67	5.39	41.08
印刷和记录媒介复制业	19.97	3.36	8.41	0.43
文教、工美、体育和娱乐用品制造业	2.07	0.77	3.35	0.14
石油加工、炼焦和核燃料加工业	79.65	6.94	67.78	1.83
化学原料和化学制品制造业	30.70	34.80	16.23	4.25
医药制造业	23.94	31.21	9.69	4.83
化学纤维制造业	22.28	39.94	6.48	22.54

续表

行业	2005 年		2013 年	
	国有工业产值比例(%)	COD 排放强度（吨/亿元）	国有工业产值比例(%)	COD 排放强度（吨/亿元）
橡胶和塑料制品业	9.31	1.39	4.64	0.54
非金属矿物制品业	13.02	5.75	9.27	0.64
黑色金属冶炼及压延加工业	47.33	8.21	30.05	0.95
有色金属冶炼及压延加工业	34.45	4.31	26.20	0.66
金属制品业	7.42	3.08	6.46	1.04
通用设备制造业	23.39	1.79	11.01	0.25
专用设备制造业	29.48	2.30	16.45	0.22
交通运输设备制造业	51.83	2.42	40.73	0.45
电气机械和器材制造业	11.13	0.69	8.03	0.14
计算机、通信和其他电子设备制造业	13.22	0.62	8.31	0.45
仪器仪表制造业	10.26	3.36	10.66	0.20
其他制造业	6.24	2.07	18.58	2.69
电力、热力生产和供应业	89.33	7.43	93.03	0.60

资料来源：笔者根据统计年鉴数据计算获得。

由表 8-1 可以看出，34 个工业行业的污染排放强度和国有化程度相差较大。分行业来看，2005 年，国有比重较高的前五个行业分别为：烟草制品业（99.02%），石油和天然气开采业（90.51%），电力、热力生产和供应业（89.33%），石油加工、炼焦和核燃料加工业（79.65%），煤炭开采和洗选业（67.77%）。

2013 年，国有比重较高的前五个行业仍然是这五个行业：烟草制品业（99.33%），电力、热力生产和供应业（93.03%），石油和天然气开采业（87.70%），石油加工、炼焦和核燃料加工业（67.78%），煤炭开采和洗选业（52.70%）。

2005~2013 年，34 个工业行业的国有比重平均下降 6 个百分点。个别行业的国有比重有所提升(如其他制造业,电力、热力生产和供应业,文教、工美、体育和娱乐用品制造业),或者保持不变(如仪器仪表制造业,烟草制品业,金属制品业,皮革、毛皮、羽毛及其制品和制鞋业),其余行业的国有比重都有所下降。国有比重下降幅度较大的前五个行业分别为黑色金属冶炼及压延加工业、化学纤维制造业、煤炭开采和洗选业、化学原料和化学制品制造业、医药制造业,这五个行业的国有比重平均下降了15个百分点。这些数据表明,混合所有制改革背景下,中国工业行业的国有比重确实正逐年下降。

在污染方面,2005年,工业COD排放强度较大的前五个行业分别为造纸及纸制品业(383.67吨/亿元),农副食品加工业(63.80吨/亿元),酒、饮料和精制茶制造业(60.79吨/亿元),有色金属矿采选业(52.86吨/亿元),食品制造业(41.00吨/亿元)。2013年,工业COD排放强度较大的前五个行业分别为造纸及纸制品业(41.08吨/亿元)、化学纤维制造业(22.54吨/亿元)、酒、饮料和精制茶制造业(13.24吨/亿元)、农副食品加工业(7.90吨/亿元)、有色金属矿采选业(7.30吨/亿元)。可以看出,食品制造业退出前五大行业,化学纤维制造业攀升为排放强度第二高的行业。2005~2013年,除其他制造业外,其余33个行业的工业COD排放强度均呈下降趋势。其中,下降幅度较大的前五个行业分别为造纸及纸制品业,农副食品加工业,酒、饮料和精制茶制造业,有色金属矿采选业,食品制造业。可见,排放强度较高的行业同样是排放强度下降的主要行业。

三、比较分析

为了更加直观,图8-1描绘了2005年34个工业行业的工业COD排放强度和国有工业产值比重情况,图8-2描绘了2013年34个工业行业的工业COD排放强度和国有工业产值比重情况。从图8-1和图8-2可以清晰地看出,国有经济比重与污染排放强度之间的确并不是简单的线性关系,随着国有经济比重的下降,污染排放强度相继出现多个峰值,这就是所谓的"门槛效应",当然,这需要进一步的实证检验才能确定。

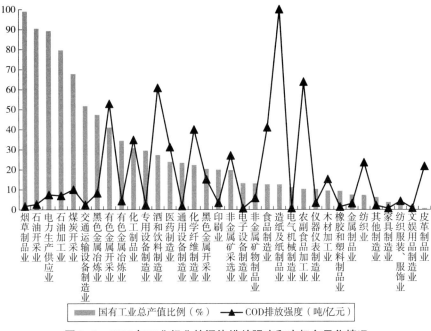

图8-1 2005年工业行业的污染排放强度和产权多元化情况

资料来源：笔者根据统计年鉴数据计算获得。

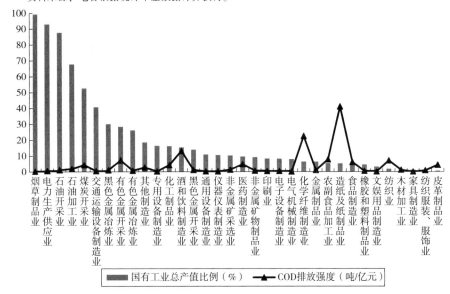

图8-2 2013年工业行业的污染排放强度和产权多元化情况

资料来源：笔者根据统计年鉴数据计算获得。

第三节　实证检验

一、模型设定与变量定义

为了检验产权多元化与环境污染之间的关系，考虑以往研究经验和数据的可获得性，设定如下实证模型：

$$pollu_{it} = \alpha_0 + \alpha_1 soe_{it} + \alpha_2 energy_{it} + \alpha_3 rd_{it} + \alpha_4 fee_{it} + \alpha_5 equi_{it} + \varepsilon_{it} \qquad (8-1)$$

（一）被解释变量为污染排放强度（pollu）

用该工业行业特征污染物排放总量与工业总产值的比值表示。在特征污染物的选择上，考虑到国内外已有研究尚未确定一个综合性的单一指标（盛斌和吕越，2012），选择工业废水排放强度、工业 COD 排放强度、工业氨氮排放强度三种主要特征污染物的排放强度表示污染排放强度，单位均为吨/亿元。这里之所以选择水污染特征物，而没有选择大气污染特征物，是因为近年来为了保障大气环境质量，政府实施了机动车限制行驶、工厂限制生产、工地限制施工等一系列强制性的行政手段，并获得了诸如奥运蓝、阅兵蓝、APEC 蓝等暂时的大气质量改善（石庆玲等，2016），但在一定程度上使大气污染数据无法更加准确地反映工业企业行为。另外，中国自"十一五"后大力推进总量减排，相应地，用排放强度数据要比排放量数据更能反映环境污染的本质情况。

（二）解释变量为国有化程度（soe）

结合国家统计局课题组（2001）、徐国祥和苏月中（2003）、陈林和朱卫平（2011）的办法，用该行业规模以上国有工业总产值占全行业工业总产值的比重表示（单位：%）。为了保证研究结论的可信性，在稳健性检验中还将使用该行业规模以上国有企业单位数占全行业工业企业单位数的比重（单位：%）和规模以上国有企业资产额占全行业工业企业资产额的比重（单位：%）表示国有化程度。需要说明的是，在理论分析中，使用产权多元化的概念，而在实

证检验中，用国有化程度来反映产权多元化水平，这两个变量的方向是相反的。

(三) 选择控制变量

能源消耗强度 (*energy*)，用单位工业总产值的能源消耗量表示，单位：万吨标准煤/亿元；研发支出 (*rd*)，用行业规模以上工业企业 R&D 经费内部支出占工业总产值的比重表示，单位：%；污染治理设施运行费用 (*fee*)，用工业废水治理设施本年运行费用表示，单位：万元；污染治理设施数 (*equi*)，用工业废水治理设施数表示，单位：套。i 表示行业，t 表示年份，ε 表示随机干扰项。

二、描述性统计

表 8-2 为主要变量的描述性统计结果，由表 8-2 可以看出，国有工业总产值比重的均值为 23.858%，最小值仅为 0.300%，最大值高达 99.470%；国有企业数比重的均值为 10.361%，最小值为 0.250%，最大值为 80.770%；国有资产额比重的均值为 31.612%，最小值为 0.770%，最大值为 99.310%。可见，中国不同行业的产权多元化程度有较大差异，在某些行业 (如烟草制品业，电力、热力生产和供应业)，国有企业仍然占主体地位，但在某些行业 (如皮革、毛皮、羽毛及其制品和制鞋业，家具制造业)，国有经济比重已经接近 0，私营经济成为经济主体，这种差异性使行业成为研究产权多元化与环境污染关系的重要视角。

表 8-2　主要变量的描述性统计

	变量	样本量	均值	标准差	最小值	最大值
污染排放强度 (*pollu*)	工业废水	306	5.410	10.021	0.079	88.294
	工业 COD	306	11.487	34.962	0.098	383.673
	工业氨氮	306	0.596	1.358	0.008	13.450
国有化程度 (*soe*)	国有工业总产值比重	306	23.858	27.505	0.300	99.470
	国有企业数比重	306	10.361	17.270	0.250	80.770
	国有资产额比重	306	31.612	27.044	0.770	99.310

续表

变量	样本量	均值	标准差	最小值	最大值
能源消耗强度(*energy*)	306	0.499	2.314	0.028	38.946
研发支出(*rd*)	306	71.683	53.007	5.168	233.741
污染治理设施运行费用(*fee*)	306	128044.1	197104.9	2	1239531
污染治理设施数(*equi*)	306	2306.902	2273.055	91	11042

三、回归结果

以 2005~2013 年中国 34 个工业行业的面板数据为研究样本,用国有工业总产值比重表示国有化程度,利用固定效应模型,采用聚类稳健标准误方法对模型(8-1)进行回归,以检验产权多元化与环境污染之间的关系,结果如表 8-3 所示。

由表 8-3 可以看出,在工业废水、工业 COD、工业氨氮三种水污染物表征环境污染的回归中,国有化程度(*soe*)的估计系数均显著为负,国有化程度与水污染排放强度的关系是负相关的。这表明,行业国有化程度越高,产权多元化水平越低,水污染排放强度越低。反之,国有化程度越低,产权多元化水平越高,水污染排放强度越高。实证结果说明,目前产权多元化对水污染综合作用的效果是产权多元化不利于改善水环境质量。对于现有中国工业行业来说,保持一定的国有比例有利于水环境保护。这个回归结果与 Earnhart 和 Lízal(2007)的结论相同,但与 Wang 和 Jin(2007)的结论相反。可能的原因是,Wang 和 Jin(2007)的样本是来自江苏丹阳、贵州六盘水和天津三个城市的问卷调查数据,无论是从产权多元化还是从环境污染的视角来看,这三个城市都不具有代表性。

表 8-3 的数据说明行业的国有化程度越高,产权多元化程度越低,水污染排放强度越低,可能的原因有两个:

(1)国有企业在高污染行业的退出更坚决一些、更多一些。2006 年,中国开始大力推进结构调整,对“两高一资”行业发展的抑制在国有企业中表现得更显著,而且,随着环保的强化,国有企业更有可能迫于环境规制和行政命令,主动退出高污染排放的工序或产业,如印染。

表8-3 产权多元化与环境污染的回归结果

变量	国有产值比重			国有企业数比重			国有资产额比重		
	工业废水	工业COD	工业氨氮	工业废水	工业COD	工业氨氮	工业废水	工业COD	工业氨氮
国有化程度(soe)	-0.035***	-0.087***	-0.046**	-0.040***	-0.066***	-0.055***	0.007	-0.085***	-0.048***
	(-3.75)	(-4.94)	(-3.31)	(-8.26)	(-5.61)	(-4.16)	(0.38)	(-5.16)	(-3.52)
能源消耗强度(energy)	-0.182**	-0.182**	-0.205**	-0.194**	-0.216**	-0.220**	-0.204**	-0.180**	-0.202**
	(-2.55)	(-2.79)	(-2.62)	(-2.63)	(-3.00)	(-2.85)	(-2.99)	(-2.73)	(-2.56)
研发支出(rd)	-0.070***	-0.010	0.025	-0.073***	-0.013	0.020	-0.066***	-0.006	0.027
	(-4.00)	(-0.79)	(1.33)	(-4.17)	(-1.00)	(1.13)	(-3.97)	(-0.42)	(1.45)
污染治理设施运行费用(fee)	0.260**	0.219**	0.166**	0.246**	0.206**	0.161**	0.243**	0.218**	0.166**
	(3.05)	(2.50)	(2.46)	(3.06)	(2.50)	(2.44)	(3.03)	(2.51)	(2.47)
污染治理设施数(equi)	0.299***	0.214**	0.465**	0.306***	0.240**	0.474**	0.319***	0.216**	0.465**
	(4.95)	(3.06)	(2.82)	(5.18)	(3.23)	(2.90)	(5.14)	(3.02)	(2.81)
R^2	0.165	0.101	0.249	0.165	0.099	0.250	0.164	0.101	0.249
N	306	306	306	306	306	306	306	306	306
F值	631.73	28.49	6.33	55.38	13.06	4.16	21.42	28.93	9.92
Hausman值	24.89***	17.39***	42.44***	24.35***	16.78***	45.13***	23.69***	17.16***	44.36***
模型选择	FE	FE	FE	FE	FE	FE	FE	FE	FE

注：*、**、***分别表示估计系数在0.1、0.05、0.01的水平下显著，系数为标准化系数，括号中为T值，常数项的估计结果略去。

（2）国有企业规模较大，有利于实现治污减排的规模效应。污水处理设施建设、生产技术改造或升级的固定成本高、前期投入大，并不是所有企业都负担得起。只有规模较大的企业才能承受较高的污水治理固定成本和技术升级成本，也能由于规模效应获得较低的平均成本，实现污染治理的规模效应。对于一些规模较小的企业，如小造纸厂、小化工厂、小塑料厂、小电镀厂，由于企业资金有限，产量不大，较高的固定成本和平均成本使它们在是否治污的决策中倾向选择不治污。国有比重较高行业的企业规模往往很大，这使它们更有能力负担较高的治污减排前期投入。因此，国有化程度越高，企业规模越大，污水治理的平均成本越低，越有助于治污减排，水污染物排放强度越低。

控制变量的回归结果也有一定启示，在以工业废水表征环境污染的回归中，能源消耗强度（energy）的估计系数显著为负，表明能源消耗强度越高，工业废水排放强度越低，这说明能源消耗已经与水污染出现脱钩，能源已经不再是影响水污染强度的重要因素。研发支出（rd）的估计系数显著为负，表明行业研发支出越多，工业废水排放强度越低，说明技术进步有助于降低行业污染。污染治理设施运行费用（fee）和污染治理设施数（equi）的估计系数均显著为正，表明污染治理设施的运行费用越高，设施数量越多，废水排放强度越大，这说明当期的废水处理设施的运行尚未起到降低污染排放强度的作用。2013年，纳入环保统计的工业企业数共14.67万个，而这些企业共拥有不到8万元的工业废水治理设施，占全部工业企业的54%。当然，无法排除一些工业企业自己不建立废水治理设施，而是将污水直接卖到污水处理厂的情况，但这也在一定程度上反映出污水处理设施数量和治理投入的不足。不过，考虑到废水处理设施从投入运行到发挥效力需要一段时间，分别用滞后一期和滞后两期的污染治理设施运行费用（fee）和污染治理设施数（equi）重新回归。结果发现，当使用滞后的污染治理设施运行费用（fee）和污染治理设施数（equi）时，两个滞后变量的估计系数均显著为负。这表明，尽管水污染处理设施在当期没有发挥降低污染排放强度的作用，但这种效应在滞后一期和两期后得以体现，这也说明环境保护措施并不会立竿见影，需要前期的基础设施建设和持续的环保设施运行。

四、稳健性检验

为了保证研究结果的可靠性，对模型进行以下四个稳健性检验：

(1)为了避免回归中的多重共线性，对主要变量进行相关性检验，结果表明，变量之间的相关系数均低于0.5，说明模型的多重共线性并不严重，可以忽略。另外，模型的膨胀系数(VIF)为1.72，远低于10，也再次说明模型的多重共线性并不严重。由于篇幅有限，这里没有报告。

(2)利用White检验判断模型是否存在异方差，发现P值为0.0029，认为模型存在异方差，说明采用聚类稳健标准误方法对模型进行回归是合理的。

(3)分别以国有企业数比重和国有资产额比重表示国有化程度，重复上述检验，结果见表8-3，发现回归结果仍然是稳健的。

(4)对于水污染而言，大企业主要是通过污水处理设施来完成治污，而中小污染源大多是达标排放再通过污水处理厂来解决。因此，可能存在国有经济比重越高，企业规模越大，排放强度越高的问题。为了排除这种情况对回归结果的影响，将主要的水污染行业剔除，检验国有化程度与水污染的关系，结果仍然是稳健的。

第四节 进一步分析：门槛效应检验

一、门槛模型的设定

根据理论分析，国有化程度与环境污染的关系可能由于产权多元化程度(Sha，2012)或国有经济比重(Pal and Saha，2015)不同而不同，即国有化程度与环境污染的关系存在门槛效应。因此，基于Hansen(1999)的面板门槛模型，构建产权多元化环境影响的门槛效应模型：

$$pollu_{it} = \beta_0 + \beta_1 soe_{it}(thr \leq \gamma) + \beta_2 soe_{it}(thr > \gamma) + \beta_3 energy_{it} + \beta_4 rd_{it} +$$
$$\beta_5 fee_{it} + \beta_6 equi_{it} + \varepsilon_{it} \tag{8-2}$$

该函数实际上相当于一个分段函数，其中，门槛变量为国有化程度(soe)和污染排放强度($pollu$)两个，γ为需要估计的门槛值，表示不同的国有化程度或污染排放强度；β_1和β_2分别为门槛变量(国有化程度和污染排放强度)在$thr \leq \gamma$和$thr > \gamma$时，解释变量国有化程度(soe)对被解释变量污染排放强度($pollu$)的影响系数。

二、门槛检验

门槛检验分为两步：第一步是门槛效果检验，第二步是门槛的估计值检验。

第一步，确定门槛的个数，进而确定模型形式。依次在不存在门槛、一个门槛和两个门槛的设定下对模型(8-2)进行估计，得到的 F 统计量和采用自抽样(Bootstrap)方法得出的 P 值见表 8-4。由表 8-4 可知，在以国有化为门槛的检验中，工业废水不存在门槛，工业 COD 存在双重门槛，工业氨氮存在三重门槛；在以污染排放强度为门槛的检验中，工业废水和工业氨氮存在单一门槛，工业 COD 存在双重门槛。

第二步，门槛的估计值检验。门槛的估计值和相应的 95% 置信区间见表 8-4。由表 8-4 可知，在以国有化为门槛的检验中，工业 COD 的双重门槛分别为 7.710 和 12.610，工业氨氮的三重门槛分别为 7.710、12.650 和 31.720；在以污染排放强度为门槛的检验中，工业废水的单一门槛为 8.251，工业 COD 的双重门槛分别为 1.107 和 15.822，工业氨氮的单一门槛为 0.784。

表 8-4　门槛效果检验

门槛类	污染物	门槛数	F 值	1%	5%	10%	门槛值	95%置信区间
国有化	工业 COD	单一	16.018 **	16.786	14.569	13.505	7.710	[4.640, 46.410]
		双重	7.196 ***	5.608	4.329	3.488	12.610	[12.590, 14.020]
	工业氨氮	单一	13.764 **	18.619	13.243	11.186	7.710	[4.640, 8.790]
		双重	7.674 ***	7.737	5.949	4.484	12.650	[4.640, 17.570]
		三重	6.279 ***	5.861	4.556	3.657	31.720	[31.720, 34.450]
污染排放强度	工业废水	单一	41.973 ***	33.924	26.692	21.809	8.251	[7.525, 8.892]
	工业 COD	单一	29.111 ***	25.144	22.069	20.394	1.107	[0.612, 5.573]
		双重	1.034 **	1.055	0.870	0.775	15.822	[10.286, 15.822]
	工业氨氮	单一	51.753 ***	45.939	40.858	37.235	0.784	[0.784, 0.889]

注：P 值和临界值均为采用 Bootstrap 反复抽样 300 次得到的结果；*、**、*** 分别表示在 0.1、0.05、0.01 水平上显著。由于篇幅有限，这里只报告了存在门槛效应的检验结果，略去了不存在门槛效应的检验结果。

利用固定效应模型，采用聚类稳健标准误方法对模型（8-2）进行回归，结果见表8-5。

表8-5　门槛模型的固定效应估计

	国有化程度门槛		污染排放强度门槛		
	工业COD	工业氨氮	工业废水	工业COD	工业氨氮
门槛值	7.710 12.610	7.710 12.650 31.720	8.251	1.107 15.822	0.784
国有化程度(soe) ($thr \leqslant \gamma_1$)	-0.144* (-2.00)	-0.129* (-2.34)	0.046** (2.42)	0.030* (1.87)	-0.078*** (-4.89)
国有化程度(soe) ($\gamma_1 < thr \leqslant \gamma_2$)	-0.048** (-2.88)	-0.062** (-3.58)	-0.060*** (-4.94)	-0.111*** (-4.27)	-0.061*** (-4.61)
国有化程度(soe) ($\gamma_2 < thr \leqslant \gamma_3$)	-0.149** (-3.02)	-0.046 (-2.87)		-0.046*** (-4.23)	
国有化程度(soe) ($thr > \gamma_3$)		-0.022 (-1.29)			
能源消耗强度 (energy)	-0.146** (-3.00)	-0.160** (-2.45)	-0.212** (-2.66)	-0.153** (-2.57)	-0.199** (-2.56)
研发支出(rd)	-0.047** (-2.78)	-0.045** (-3.02)	-0.085*** (-4.46)	-0.016 (-1.23)	0.018 (0.95)
污染治理设施 运行费用(fee)	0.211** (2.56)	0.208** (2.70)	0.264** (3.12)	0.226** (2.38)	0.158** (2.43)
污染治理设施数 (equi)	0.214** (3.23)	0.229** (2.89)	0.290*** (4.60)	0.202** (3.31)	0.462** (2.77)
R²	0.122	0.122	0.170	0.108	0.253
N	306	306	306	306	306
F值	171.10	871.01	105.24	91.28	499.23
Hausman值	19.36	19.09	23.32	12.26	16.82
模型选择	FE	FE	FE	FE	FE

注：*、**、***分别表示估计系数在0.1、0.05、0.01的水平下显著，系数为标准化系数，括号中为T值，常数项的估计结果略去。

　　以国有化程度为门槛变量，工业 COD、工业氨氮的估计结果表明，国有化比例的提高应该有利于污染排放强度的降低。其中，工业 COD 的估计结果表明，在不同国有化程度下，国有化比例的提高都会降低工业 COD 排放强度，进而改善环境质量，但弹性分析表明，当国有产值比例低于 7.71% 时，污染的国有化弹性为 -0.238；当国有产值比例介于 7.71%~12.61% 时，污染的国有化弹性为 -0.110；当国有产值比例高于 12.61% 时，污染的国有化弹性为 -0.313。可见，当国有产值比例低于 7.71% 或高于 12.61% 时，国有化比例的提高对环境的改善作用更大些，即产权多元化对环境的损害作用更大些；当国有产值比例处于中间水平时，国有化比例的提高对环境的改善作用略小，即产权多元化对环境的损害作用更小些。工业氨氮的估计结果表明，在不同国有化程度下，国有化对环境污染的影响不尽相同。只有当国有产值比例低于 12.65% 时，国有化程度的提高才能改善环境质量，产权多元化会恶化环境质量。当国有产值比例高于 12.65% 时，国有化的提高对环境的影响并不显著，这部分支持了 Saha(2012) 的结论。

　　以污染排放强度为门槛变量，工业废水、工业 COD 的估计结果类似，与工业氨氮的估计结果有所不同。其中，工业废水的估计结果表明，当工业废水排放强度低于 8.251 吨/亿元时，国有化程度(soe)的估计系数显著为正，当工业废水排放强度高于 8.251 吨/亿元时，国有化程度的估计系数显著为负。不同符号的估计系数表明，当污染排放强度较低时，国有化程度的提高会加重环境污染，产权多元会有助于降低污染排放强度；当污染排放强度较高时，国有化程度的提高会降低污染排放强度，产权多元化不利于缓解环境污染，这验证了 Tsai 等(2016)的理论判断。工业 COD 的估计结果表明，当工业 COD 排放强度低于 1.107 吨/亿元时，国有化程度的估计系数显著为正；当工业 COD 排放强度高于 1.107 吨/亿元时，国有化程度的估计系数显著为负。这与工业废水的估计结果有些相似，当污染排放强度较低时，产权多元化有助于改善环境；当污染排放强度较高时，提高国有化程度有助于改善环境，进一步验证了 Tsai 等(2016)的理论判断。工业氨氮的估计结果表明，无论工业氨氮的排放强度高低，国有化程度的估计系数都显著为负，即国有比重越高，工业氨氮排放强度越低。样本均值的弹性分析表明，当氨氮排放强度低于 0.784 吨/亿元时，污染的国有化弹性为 -0.080；当工业氨氮排放强度高于 0.784 吨/亿元时，污染的国有化弹性为 -0.102，说明工业氨氮排放强度越高，国有化对环境的改善效果越明显。

综上所述，并不是所有行业的国有化程度提高都有助于改善环境。从国有化程度的门槛看，无论国有化程度处于什么水平，国有化程度的提高都有助于降低工业 COD 排放强度，进而改善环境。但对于工业氨氮的结果却有差异，只有当国有化比重低于 12.65% 时，国有化水平的提高才有助于降低工业氨氮排放强度，而当国有化比例高于 12.65% 时，国有化与工业氨氮排放强度关系不大。从污染排放强度门槛来看，以工业废水和工业 COD 为例，只有当污染排放强度较低时，产权多元化才有助于降低污染排放强度，代表性行业包括专用设备制造业，电气机械和器材制造业，通用设备制造业，计算机、通信和其他电子设备制造业，橡胶和塑料制品业。而当污染排放强度较高时，国有化才是缓解环境污染的最优选择。换句话说，这些行业的重污染在一定程度上源自私营企业的环保不自律，代表性行业包括造纸及纸制品业，化学纤维制造业，酒、饮料和精制茶制造业，纺织业，有色金属矿采选业。对于工业氨氮来说，无论工业氨氮排放强度处于什么水平，国有化程度的提高都有助于改善环境质量。

本章小结

本章研究利用 2005~2013 年中国 34 个工业行业的面板数据，通过门槛模型检验产权多元化与水环境污染之间是否存在如理论模型所述的非线性数量关系。主要研究有以下两个：

(1)对产权多元化与工业废水、工业 COD、工业氨氮三种污染物排放强度的影响分析表明，行业国有化程度越高，产权多元化水平越低，污染排放强度越低。反之，行业国有化程度越低，产权多元化水平越高，污染排放强度越高。可见，产权多元化并不利于水污染排放强度的下降，反而会由于产权多元化弱化国有企业的环境保护意识，弱化相关部门对国有企业的约束和监督，使污染排放强度上升，中国的实证结果并没有支持国外现有研究对于产权多元化与环境污染关系的普遍理论认识，而是得出了相反的结论。

(2)以国有化程度和污染排放强度为门槛变量的检验表明，无论国有化程度处于何种水平，国有化程度的提高都有助于水环境改善，只是程度有些差异。当国有化程度偏低或偏高时，国有化程度对环境质量的改善效果最为明显；而当国有化程度处于中间水平时，这种效果相对小些。另外，当污染排放强度较低时，产权多元化有助于降低污染排放强度；而当污染排放强度较高时，国有化程度才是缓解环境污染的最优选择。

| 第九章 |

混改影响环保企业的案例分析

第一节　混改企业基本情况

一、东江环保股份有限公司

东江环保股份有限公司于 1999 年在广东省深圳市成立，业务涵盖了工业和市政废物的资源化利用与无害化处理、稀贵金属回收领域，配套发展水治理、环境工程、环境检测等，为企业的不同发展阶段定制和提供一站式环保服务，并可为城市废物管理提供整体解决方案。自成立以来，其凭借自身先进的技术优势和资深的行业经验，先后被评定为广东省及国家环保骨干企业、"国家资源节约与环境保护重大示范工程"单位、"国家首批循环经济试点单位"和"国家高新技术企业"等，并于 2016 年荣获国家科学技术进步二等奖。2003 年，作为我国国内首家在境外上市的民营环保企业，东江环保在中国香港创业板成功上市，股票代码 HK00895。2010 年，东江环保由创业板转至主板，2012 年于深交所正式上市，股票代码 SZ002672。

东江环保的混合所有制改革发生在 2016 年，2016 年之前，东江环保的第一大股东一直是其创始人。根据企业公开信息，东江环保在引入国有资本改革前，创始人张维仰持股 27.92%、李永鹏持股 4.32%、蔡虹持股 2.19%、陈曙生持股 1.65%，中国香港中央结算有限公司持股 23.02%，其他股东持股 40.87%。可以看出，持股比例股东构成基本为自然人与基金，股权结构单一特征明显且异质性较差，股东为公司发展所提供资源较少且单一，融资方面除自有资本外，需要银行贷款来进行融资，融资渠道单一、成本较高。

此外，环保行业所具有的公共属性使其需要经常与政府进行沟通，污染废弃物处理对公司技术水平要求较高且相对成熟，从这个角度来看，国有企业在股东资源、融资约束、技术支持方面具有更多优势，引入国有资本可能会为公司未来发展提供更多可能契机，特别是有助于进一步实现企业与政府的良性互动。

2016 年，东江环保进行了控股结构调整，改革之后，广东广晟资产经营有限公司与江苏汇鸿公司两个国有企业入股东江环保。股权结构调整之后的东江环保得到了更大的发展，目前已成为国内规模最大、自制种类最齐全的危险废物利用处置企业之一，危险废物经营资质共 44 类，下设分子公司 60 余家，员工人数超 5300 人。东江环保在珠三角、长三角、环渤海以及中西部市场等危险废物处理核心区域已做到业务网络全覆盖，公司改革后的业务网络拓展至京津冀地区。凭借自身先进技术优势和资深行业经验，东江环保采取外延式发展策略，为客户提供配套式环保服务。2021 年，东江环保实现营业收入 40.15 亿元，同比增长 21.4%，归属于上市公司股东的净利润为 1.61 亿元。公司主营收入主要来源于工业废物处理处置和工业废物资源化利用(见图 9-1)，这两个业务占公司总收入的比重超过 80%。

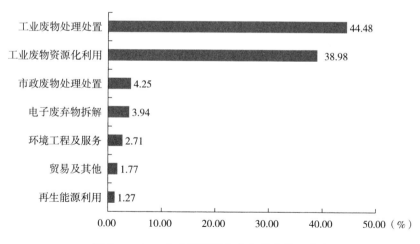

图 9-1　2021 年东江环保各业务营业收入占比

资料来源:《东江环保 2021 年年度报告》。

二、广晟资产经营有限公司

广晟资产经营有限公司(以下简称广晟资产)是广东省属国有独资重点企业,成立于 1999 年。入股东江环保前,广晟资产的主营业务为矿产资源与电子信息,工程与金融协同主业发展。入股东江环保后,环保产业成为公司主营业务,近年来逐渐发展成为大型国企集团,并于 2019 年荣获"战略性新兴产业 100 强领军企业"称号。公司员工 8 万多人,资产规模 1300 多亿元,实现营业收入 600 亿元,利润总额 36 亿元。作为广东省科技创新能力最强的企业,广晟资产拥有 58 家高新技术企业、9 个国家级研究平台、42 个省级研究中心、2463 项授权专利数,创新实力强,创新产出水平高。

入股东江环保后,广晟资产三大业务板块中的环保板块不断发展,处理固体废物与危险废物综合实力达到国内第一水平,同时由于工程板块拥有全产业链,为环保基础设施建设提供了良好条件。此外,金融板块聚集金融租赁与财务公司,有多只基金与银行,为东江环保融资提供了便利。结合上述对东江环保的分析,不难看出,东江环保发展中碰到的问题与障碍,特别是所需要的资源与资金,正是广晟资产所能给予的。因此,引入广晟资产作为混改标的企业对于东江环保而言具有重要意义。

第二节　国有资本注资私营企业的历程

2016 年 5 月 23 日,东江环保因引入战略投资者正在筹划股权转让事宜从当日开始停牌。2016 年 6 月 3 日,公司召开投资者说明会,就公司控股股东引入战略投资者实现进行说明,披露广晟资产通过认购东江环保增发的 A 股股票以及受让大股东张维仰部分股票等方式成为公司股东,并对引入战略投资者的目的做了解释。2016 年 6 月 15 日,股权转让协议签订,约定东江环保实际控制人将占公司股本总额 6.89% 的股份(共计 60682871 股)协议转让给广晟资产。当权益变动后,广晟资产将持有公司股份 60682871 股,占公司总股本的 6.89%,张维仰持有公司股份 182086302 股,占公司总股本的 20.94%。随后,东江环保披露张维仰因个人原因辞去公司法人代表、董事及董事长的职务，并一同辞去董事会战略发展委员会以及提名委员会等职务，此外公司多名董事也向公司提出辞职，公司管理层发生变更。

2016 年 6 月，东江环保与广晟资产签署股权转让合同，广晟资产继续受让张维仰所持的 610340624 股东江环保股份，另行协商转让方案，在转让方案尚未达成协议时，先将这一部分股票质押给广晟资产。2016 年 7 月 14 日，东江环保的原实际控制人张维仰与广晟资产签署《股权质押合同》，约定将持有的 61030624 股股份质押给广晟资产，质押数量占总股本的 7.02%，本次质押占其所持股份比例 33.52%。当签署合同后，广晟资产成为东江环保最大的单一表决权股东，能够支配的上市公司表决权所对应的股本占东江环保总股本的 14%。2016 年 10 月 11 日，东江环保召开股东大会，审议通过广晟资产提名的多名董事，审议通过后他们将成为东江环保第五届董事会董事，广晟资产获得最多董事会席位，成为控股股东，广东省人民政府国有企业资产监督管理委员会成为东江环保的实际控制人。

此后，广晟资产相继以增持东江环保股份的方式实现了对东江环保的控制。自 2016 年 11 月起，广晟资产的子公司陆续增持东江环保 1.26% 的股份，到 2017 年 1 月，增持股份比例上升至 8.24%。2017 年 1 月 18 日，张维仰签署二次股权转让协议，将其持有的 61030624 股股份转让给广晟公司，公司以现金支付方式对价。至此，广晟公司成为公司第一大股东及控股股东，持有东江环保股份共 134126747 股，占公司总额 15.12%；张维仰成为公司第二大股东，共持有 121055678 股。此次股权转让未带来实际支配表决权的变化，实际控制人亦未发生变化，但广晟资产获得了更多完整股东权益。此后，广晟资产及其下属子公司以转让或购买东江环保股份累计约 5.6%，至 2018 年 10 月，广晟资产累计持有东江环保 183811696 股的股份，占股份总额的 20.72%。

广晟资产成为东江环保的控股股东后，提名 5 名董事进入公司董事会。2016 年 10 月，股东大会完成提名审议，东江环保日常运营与管理工作由广晟资产参与进行。引入国有资本后董事会成员在东江环保中分别任董事长兼党委书记、董事兼总裁、董事兼财务总监、董事兼运营总监、董事兼法务总监等职位，董事会规模由原来的 8 人扩充至 9 人，多数由广晟资本委派。在经营管理方面，董事会成员拥有较高的知识水平与丰富的管理经验，在危废处理方面也有一定的从业经验。例如，董事兼公司财务总监的刘伯仁先生曾经在中国人民银行工作，有丰富的企业融资贷款经验。此外，三位独立董事的背景各不相同，其中，朱征夫董事有多年法律事务经验，曲久辉院士在水体污染治理与水体净化方面取得多项科研成果，黄显荣董事有 32 年会计与投资管理经验，三位独立董事会充分发挥自身经验，利用自身资源，降低企业经营风险，提高董事会决策的科学性与合理性。

第三节　东江环保股份有限公司进行混改的动因分析

一、拓宽多种融资渠道，降低融资成本

从获取资源优势方面而言，引入国有资本将为东江环保带来融资方面的优势。

第一，从私营企业发展的角度来看，由于东江环保自身体量小、公司扩张规模速度较慢，而环保行业更迭速度较快，因此在提供信贷时银行可能会认定民企有信贷风险，通过的贷款申请也有较高的贷款利率。相比之下，国企由于规模较大，经营时间较长，有稳定的收益和信誉，使得银行认定国有企业有较低的信贷风险，贷款利率较低。

第二，2015 年东江环保的股权质押出现了重大利空，股市整体形势较差，当年东江环保股东质押股份达到 1.27 亿股，占股份总数的近 19%，在当年股市总体处于熊市背景之下，平仓风险可能会对质押股权带来重创，因此公司面临较高财务风险。广晟资产具有多条融资渠道，从银行获得的贷款利率比东江环保获得的贷款利率低于基准利率十个点左右，国有资本的引入降低了公司财务成本、弥补了资金缺口、加速了企业扩展并提高了企业绩效。改革后的东江环保减少了与银行沟通的障碍，降低了贷款利息，授信额度提高。此外，由于广晟资本在金融领域的经营经验丰富，它的加入将进一步打开东江环保的融资渠道，这有助于东江环保通过发行绿色债券以及证券化资产等方式降低融资成本，提高投资回报率。

二、构建新型政企关系，规避政策风险

作为大型国有企业，广晟资本不仅与省内各级政府有较多互动，与省外

各级大型国企、央企也有较多业务往来，具备良好的政企关系。在引入国有资本前，东江环保的主营业务范围基本在南方地区，如何进一步拓展业务范围，打开京津冀地区及中西部地区的市场成为东江环保谋求发展的重要挑战。而作为大型国企，广晟资本的业务范围广泛，遍布全国各地，这对于东江环保打通北方市场和中西部地区的市场将会起到很好的作用。尤其值得关注的是，内陆地区在固废处理、市政废物处理与利用等相关配套服务方面的发展滞后于南方地区，而京津冀地区恰恰是作为污染治理的关键地区，对于这些地区的业务拓展有助于提高企业利润空间。此外，当前危废处理行业面临产能的严重不足，近年来环保标准逐年提高，环境规制趋于严格，对重污染企业的治污减排提出了更高的要求和标准，特别是在危废处理方面，重污染企业的技术实力和创新水平都遇到了巨大考验。例如，如何使固废焚烧污染物排放比例达到相关标准，如何提高固废处理技术，特别是面临严格监管时能否达到排放标准。随着环境规制的日趋严格，以及环保相关规范和法律法规的细化完善，环保企业也面临更多的挑战，这些都需要与地方政府建立良好的政企关系，引入国有资本后，东江环保与政府的沟通更加便捷、效率更高，国资的引入将有助于东江环保节约交易费用，将更多的资源用于企业发展。

三、充分利用产业互补，协同共进发展

由于引入的国有资本与东江环保业务关联性较强，因而在业务拓展和公司经营等多个方面都具有一定互补性。混改之后，东江环保与广晟资本的业务可以充分利用优势互补，进而实现协同发展。一方面，广晟资本的主营业务之一是矿产开发与利用，这正是工业固废处理的重要需求所在，尤其是广晟资本在有色金属生产加工中产生大量的工业危废，对工业固废的处理需求较大；另一方面，东江环保的主营业务之一正是工业危废处理与资源再利用，即从被处理的工业危废中进一步提炼出铜盐、锡盐、镍盐等一系列产品，进行资源的再利用。因此，混改后东江环保与广晟资本可以进行相关业务的合并再开发，整合产业链，进一步提高产业价值。另外，广晟资本的工程及房地产业务板块也可以与东江环保的市政固废处理业务进一步融合，实现协同共进发展。

第四节　东江环保股份有限公司的混改效果分析

本案例分析将从股权结构、财务绩效以及财务指标分析法三个方面入手，对混改前后三年、混改当年的相关指标变化情况进行分析对比，以此对东江环保进行混合所有制改革之后的效果进行分析，相关数据来自东江环保年报、Wind 数据库以及 CSMAR 数据库。

一、股权结构优化，股东实现制衡

随着东江环保股权改革的完成，改革之后东江环保股权配置发生重大变化，自 2016 年 10 月的股东大会之后，控股股东的变更使广晟资本对股东大会决议产生重要影响，5 名提名董事在东江环保董事会占据了一半席位，企业重要高管位置如财务总监、董事长等重要席位都来自广晟资本的提名，可见广晟资本对东江环保决策与战略经营方面均产生了重要影响。在控制权方面，东江环保混改始于 2016 年，对比东江环保 2016 年与 2019 年的公司年报，2016 年，东江环保的股份持有者基本为境内自然人，股权结构单一。2016~2019 年，广东省广晟控股集团有限公司持有的股份由原来的 6.84% 上升至 18.89%，单一股东张维仰先生股份持有由 28% 下降至 3.03%。截至 2022 年 12 月 31 日，广晟资本及其下属子公司累计持有约 22.86% 的东江环保股份，成为东江环保的最大股东。在公司改革过程中，股权结构呈现多元化特征：一些股份制商业银行的加入为东江环保拓宽了融资渠道，例如，兴业银行、招商银行、中国建设银行等不同类型投资基金，基金持股在一定程度上向市场传递了信号，也反映出公司的治理情况。此外，基金持股通过激励与约束等引导方式，积极参与东江环保的内部治理，也可以为东江环保带来一定资金资源、人才资源以及信息资源等。同时，广晟资本凭借因国有企业带来的资源优势，对东江环保进行有效控制，提升内部治理，实现保值增值。此外，私营企业凭借其先进的管理经验，可以进一步提升公司内部管理水平，提高企业核心竞争力。国资与民资双方利益交织，在企业治理中出现问题时，可以共同解决问题，以最大化公司利润、最小化经营风险。在引入国有资本后，

120

东江环保通过内部控制，使任何一个大股东都无法单独控制决策，大股东互相监督的股权安排模式既可以保留股权相对集中的特点，又可以在一定程度上避免大股东对中小股东的利益侵害。

从国有资本与民营资本股权比例的角度来看，东江环保的民营资本占股本比例在引入国有资本前为35.99%，引入后下降至5.54%，而国有资本占股本比例在引入后达到30.02%，混改后东江环保形成了以国有资本为主导的混合所有制资本结构。依托于国有资本，2017年东江环保积极响应相关政策，成功发行绿色公司债券，成为深交所首家公开发行并上市绿色债券的企业。此外，公司在水体治理、工业垃圾、建筑垃圾及危废物处理、农村污水一体化建设以及污水厂建设等方面与珠海市政府、珠海市水务集团形成全面战略伙伴关系。目前，私营企业在我国危废行业中占大多数，东江环保在混改之前主营业务具有广阔市场前景，如危固废处理、土壤污染治理等，但市场竞争十分激励，经营面临巨大挑战。广晟资本作为省属大型国企，不仅拥有丰富传统业务优势，在成功控股东江环保后还可以充分发挥产业互补、产业协同等优势，进一步拓展市场，有效实现投融资管理，积极开展环境工程运营、市政环境修复等综合环境服务业务，继续巩固市场地位。

二、盈利水平提高，期间费用下降

受改善政企关系、取得融资优势、寻求业务协调等因素的驱动，东江环保积极引入国有资本，混改后的东江环保凭借党委前置程序以及董事会战略控制有效结合服务职能，进一步推进了企业高质量发展。此外，在引入广晟资本后，东江环保拓展业务，客户数量进一步增加，同时增加了客户黏度，企业营业收入上升；落实绿色技术创新，目前已建立含重金属废物资源化、有机废物资源化以及工业废水达标处理技术三个新产品中间试验基地，公司拥有先进检测平台，特别是在气体检测、水质检测、土壤与地下水监测、固体废物检测及环境监测方面拥有全方位综合检测仪器，而在危险废物的鉴别与成分分析领域也具有国际领先水平，环境监测方面具有1000余项检测资质，技术水平增加提高了公司竞争力。此外，国有资本加入私营企业使党委组织优势得到凸显，企业反腐力度增强，企业管理效率提升后员工在职消费水平得到抑制，管理费用率的下降进一步提高了公司的营业毛利率。最后，盈利质量的改善来源于国有资本引入后政企合作的增强、融资渠道的多元化，

例如，政府项目资源的增加以及资金实力加强极大地降低了财务费用水平。

(一) 销售利润率

根据 2013~2019 年东江环保的年报信息，公司销售规模由 2013 年的 15.8 亿元增长至 2019 年的 34.6 亿元，资产规模由 2013 年的 32.67 亿元增长至 103.95 亿元。2016 年混改后，东江环保的资产规模明显提升，共增长 22.06 亿元，这主要是来自公司固定资产与在建工程的建设与运营，东江环保的危废处理能力与处理规模不断提升，直接作用于公司业绩，收入与盈利水平都得到了改善。混改后，东江环保针对主营业务展开了一系列市场业务，工废处理等业务占总业务收入的近八成，随着市场份额的提高，公司最终销售规模与销售利润得到提高。2019 年，东江环保的销售规模相较于 2013 年翻了一番多，这正是由于东江环保在混改后，对市场战略进行了优化与拓展，把客户需求放在首位，注重提升客户满意度。与此同时，东江环保的市场占有率逐步提高，2019 年，东江环保的客户数量超过 30000 家，比 2018 年增长 15.4%。

(二) 期间费用率

企业期间费用率通常是分析企业管理能力的重要指标之一，期间费用率通常由销售费用率、研发费用率、管理费用率以及财务费用率等指标综合构成，本案例进一步选取管理费用率、财务费用率与加权资本成本率三个指标，分析东江环保在引入国有资本后期间费用率的变化情况。

(1) 管理费用率，用管理费用与主营业务费用之比衡量 (见图 9-2)。2012~2014 年，东江环保的管理费用率基本保持在 14%，2015~2019 年东江环保引入国有资本后，管理费用率在前两年出现小幅度上升，随后呈现明显的下降趋势。东江环保的管理费用在进行混改后呈现出下降趋势，管理成本逐年减少，这对企业未来盈利产生较大的积极作用。混改期间管理费用率的下降可能是由于国有资本的监管对东江环保的在职消费产生了强有力的约束。根据 2017 年东江环保财务年度报告，在东江环保进行逆向混改的初年，企业管理费用率较 2017 年同比增长 22.21%。随着广晟资本的加入，相对于 2016 年同期，2017 年东江环保规模扩大子公司增加亦使得管理费用上升。如图 9-2 所示，2018 年管理费用率由 2017 年的 13.40% 下降至 11.40%，出现明显下降，说明政策时滞效应开始凸显，公司通过加强管理严控费用开支，管理费用得到较好控制。随着监督力度的加大，企业管理费用率始终维持在

10%～12%水平，企业在职消费水平与招待费用下降幅度也进一步增大，对企业盈利水平有积极影响。

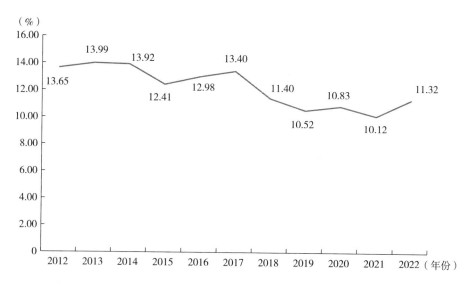

图 9-2　2012～2022 年东江环保的管理费用率
资料来源：根据东江环保的财务数据计算获得。

（2）财务费用率，用财务费用与主营业务收入之比衡量。根据东江环保的信息披露，2017 年 3 月 15 日，东江环保在深交所首次发布绿色公司债以及 PPP 项目资产支持证券，市场均值远高于融资成本（见图 9-3），公司财务费用率自 2017 年后出现下降。与环保行业的平均情况相比，东江环保的财务费用率在混改之前一直高于行业平均水平，并且呈现逐步上升趋势，特别是在环保行业财务费用率逐年下降的背景下，东江环保的数据表明其资金成本较高，融资能力较差，财务费用偏高。混改后，东江环保的债务融资成本明显缩减，债务融资规模扩大，财务费用率明显低于行业水平，对于提高整体利润水平具有一定推动作用。

（3）加权资本成本率。图 9-4 为 2013～2022 年东江环保的加权资本成本率，可以看出，混改之前东江环保的加权资本成本率（WACC）上升趋势较明显，说明企业融资成本较高。混改后，东江环保获得了政府信用担保，银行贷款利率大幅降低，发行绿色债券等项目以获得低市场利率，这都大大降低了东江环保的融资成本，有助于其获得更多利润，实现长期发展。

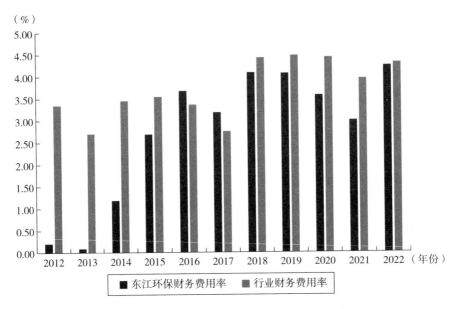

图 9-3　2012~2022 年东江环保与环保行业财务费用率

资料来源：根据东江环保的财务数据计算获得。

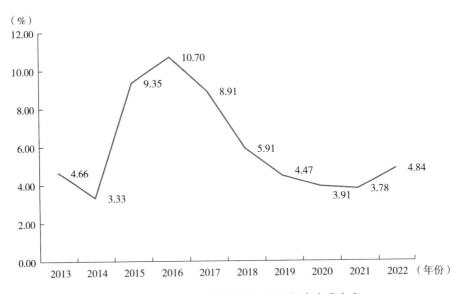

图 9-4　2013~2022 年东江环保的加权资本成本率

资料来源：根据东江环保的财务数据计算获得。

（三）核心利润

核心利润是衡量一个公司是否正常经营以及是否正常核算的利润指标，通常在利润表中利用毛利（营业收入）减掉税金及附加，再减去三项费用（销售费用、管理费用、研发费用），最后加上其他收益。一个公司的核心利润越高，说明企业盈利能力与盈利质量越高。根据图 9-5 2012～2022 年东江环保的核心利润变化情况可以看出，东江环保核心利润水平呈不断上升的趋势，在 2016 年进行混改后，2017 年东江环保的核心利润同比增长 36.7%，2019年的核心利润接近 9 亿元。

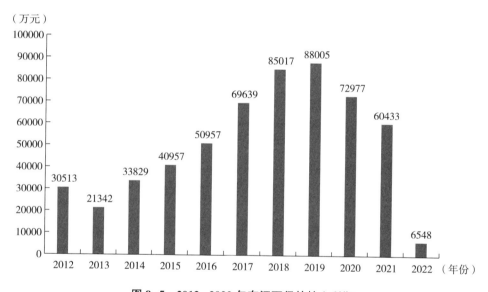

图 9-5　2012～2022 年东江环保的核心利润

资料来源：根据东江环保的财务数据计算获得。

通过现金收入比率、核心利润率和核心利润贡献率三个方面的比较，进一步分析东江环保在混改后的盈利质量。

（1）现金收入比率。现金收入比率等于销售商品、提供劳务收到的现金与营业收入之比，这一指标主要反映销售收入的实际情况。如果该比率大于1，那么意味着企业当期收入可以全部收到，以前发生的应收账款也会收回，预示着企业盈利质量较好；反过来，如果该比率小于1，那么企业当期有部分账款未收回，盈利质量较差。图 9-6 为 2012～2022 年东江环保的现金收入比率，可以看出，东江环保现金收入比率除 2014 年外均超过 100%，盈利质量较好；2018 年现金收入比率从混改初年的 106.47% 提高至 116.61%，混改不仅对企业稳定经营带来积极影响，也显著提升了核心利润增长。这得益于广晟资本加入后，2017 年企业持续优化战略部署，继续聚焦于危废主业，以发行绿色信贷以及 PPP 项目创新融资方式，通过多渠道释放产能，最终使盈利水平得到大幅提升。

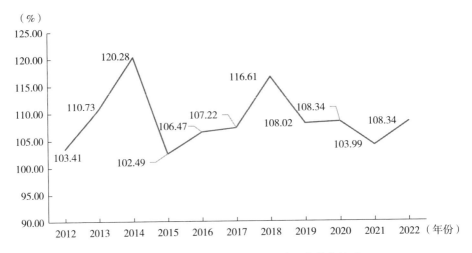

图 9-6　2012~2022 年东江环保的现金收入比率
资料来源：根据东江环保的财务数据计算获得。

（2）核心利润率与核心利润贡献率。核心利润率为核心利润与营业收入的比值，核心利润贡献率为核心利润与利润总额的比值，在分析企业利润质量时重点考虑核心利润在企业总利润中的占比及波动情况。如果核心利润在总利润中占比较大，那么意味着企业具有较高的利润水平，也说明企业未来发展具有极大潜力；如果企业核心利润占比小且增速较慢，那么说明企业利润结构及利润质量有一定风险，管理层需要重视这一现象。图 9-7 为 2012~2022 年东江环保的核心利润率，图 9-8 为 2012~2022 年东江环保的核心利润贡献率，可以看出，两者比重均呈上升趋势，且核心利润贡献率增速明显，核心利润率从 2016 年开始混改时的 19.5% 增长至 2019 年的 25.4%，核心利润贡献率在混改前经历了低谷后，于 2017 开始不断上升，这一趋势延续至 2021 年，说明东江环保的混改对于企业核心利润和盈利质量均起到了加速提质的作用。

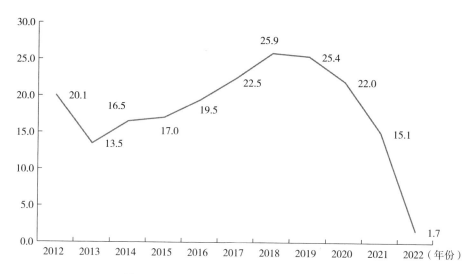

图 9-7　2012~2022 年东江环保的核心利润率

资料来源：根据东江环保的财务数据计算获得。

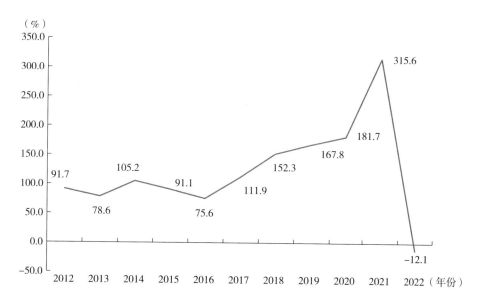

图 9-8　2012~2022 年东江环保的核心利润贡献率

资料来源：根据东江环保的财务数据计算获得。

本章小结

　　本章从逆向混改视角探究国有资本进入私营企业的动因及绩效方面的影响，为研究私营企业混合所有制改革提供了案例，也为研究混合所有制改革绩效提供新的思路与视角。随着近年来进一步完善政策环境、加大力度支持民间投资等发展政策的出台，鼓励国有企业以投资入股、联合投资、并购重组等方式与私营企业进行合作，如股权融合、战略合作、资源整合以及投资新的重点领域项目方面，将研究视角放在私营企业通过引入国有企业实现混合所有制改革后实现股权结构改革对公司治理以及私营企业创新融资方式均具有重要意义。本章以东江环保引入广晟资本为具体分析案例，通过对混改前后公司治理结构变动差异进行对比分析，对混改作用于企业绩效相关机理进行阐释。近年来，随着多家央企、国企以股权转让、资产重组、战略合作框架协议、产业基金、股权投资等方式入驻环保行业上市公司，如铁汉生态、国祯环保、碧水源等企业，未来或将形成以央企、国企主导投资进行资源优化配置，而环保市场将通过核心技术、核心产品以及服务能力进一步细分，市场竞争加剧。因此选择东江环保这一环保行业龙头企业进行案例研究，将对未来其他拟进行逆向混改的私营企业具有一定的参考和启示。

| 第十章 |

主要结论与政策建议

第一节　主要结论

本书系统分析了企业环境行为在混合所有制改革之下的异质性选择和机理研究，梳理文献回顾了企业内部产权和外部制度因素对社会福利水平的影响，在理论与实证层面进一步验证企业进行混合所有制改革后环境行为是否发生改变，混改是否有助于实现治污减排，又是如何实现治污减排的。本书主要结论如下：

第一，通过梳理自 1979 年以来混合所有制改革在不同阶段变化的基本逻辑，从相关政策的历史实践看，混合所有制改革并非新鲜产物，由于经济发展中面临的主要矛盾因发展阶段和时代背景不同而变动，进而使得不同时期的混改政策各有侧重。回顾相关历史阶段的政策变化，特别是混合所有制改革在党的十八届三中全会上被重新提及，赋予了混合所有制改革向纵深处发展的新意义，"混改"的重点在于"改"。

第二，污染总量的下降预示着国有企业环境行为的改善，但考虑区位条件、资源禀赋与发展战略定位的差异使得地方国企污染物排放在行业与区域间呈现不平衡特征，只有明确国有企业实现污染减排背后的成因机制，才能更好针对发展中行业与区域间不平衡问题精准分类施策，提高污染防治能力、降低治理难度，最终实现区域生态环境协调发展。通过对 1998~2014 年国有工业企业排放总量、排放强度和能源效率进行比较发现，样本期工业企业的排放总量与排放强度总体呈下降趋势，尤其是二氧化硫排放量与排放强度下降趋势明显，化学需氧量的排放总量与排放强度出现小幅波动，但总体呈下降趋势。

第三，在寡头竞争中，混合所有制改革将有助于社会福利的提升，实现污染减排。但由于国有比重需要达到一定程度才可以实现污染减排，因此企业进行混合所有制改革的程度就变得尤为关键，因为如果国有比重过低，将不利于污染防治。本书从国有企业与私营企业排污行为的根本性差异出发，为更好刻画混改对企业环境行为的异质性影响，将混改比例纳入分析框架。根据模型求解结果，我们发现混合所有制改革程度越高，污染排放水平的降低将越有助于社会福利最大化。考虑中国现实情况结合进一步机理分析，混改影响企业污染减排可能存在三种路径：企业技术进步、能源结构改善以及能源效率提升。其中，技术进步以降低生产原料成本使得企业政策性负担降低，抑或是技术进步为企业带来的学习收益将会降低减排成本；混改通过积极引入多元化股权，资源得到优化配置，清洁能源项目将会影响企业传统能源结构，进而实现污染减排。此外，能源效率的提高将会降低整体的工业能耗，混改促使目标企业及时调整生产策略从而达到减排效果。这在一定程度上为混合所有制改革有助于优化企业环境行为提供了学理支撑，进一步丰富了企业环境行为的传导机制，为引导企业环境保护行为提供较为完整的视角和思路。

第四，混合所有制改革与企业环境污染之间存在显著的负相关关系，说明混改对国有企业产生了显著的污染减排效应，进一步证实了国有企业进行混合所有制改革的治污减排效果。治污减排效应在国企参股企业中更为明显，国企参股企业在5%的水平上表现出显著的污染减排效应，但这种效应在国企控股与转制民企中没有显现，这说明国有企业应避免完全私有化。从环境保护的视角出发，国企控股对企业来说是一种较好的混合所有制改革形式。另外，清洁生产行业、低行业聚集度对企业污染效应的降低起到更为显著的作用。在影响机制方面，混合所有制改革对企业能源效率与企业全要素生产率有显著影响。混合所有制改革通过技术进步带来的全要素生产率与能源效率的提升降低了污染水平，说明未来企业高质量发展需注重绿色低碳技术的发展，提升能源的利用水平。

第五，充分的市场竞争环境是混改发挥治污减排作用的重要前提，在市场竞争较为激烈的行业中，企业通过研发创新甩开竞争对手以攫取超额利润的动机越强，经理层提升经营管理效率的内在意愿也越强烈，企业更关注资源的配置与利用效率，资源价格被扭曲的可能性越小，而这些都将有助于混改减排作用的实现。本书从市场竞争角度对混改实现污染减排的微观效果进行进一步检验。实证结果表明混合所有制改革对于工业 COD 和工业烟粉尘具有显著的减排作用，但对工业 SO_2 的减排作用并不明显。市场竞争的调节效应表明，企业所在行业的市场竞争越激烈，混改对工业 COD 和工业烟粉尘的减排作用越强；相反，行业市场竞争越不充分，混改的减排作用越弱，充分的市场竞争环境更有利于混改和环保双重目标的实现。另外，企业生产效率、管理效率与资源效率的提高是混改促进污染减排的重要途径。

第六，从行业污染排放视角而言，产权多元化并不利于水污染排放强度的下降，反而会由于产权多元化弱化国有企业的环境保护意识，弱化相关部门对国有企业的约束和监督，使得污染排放强度上升，这与国外研究结论相反。实证结果表明，行业国有化程度越高，产权多元化水平越低，污染排放强度越低，反之亦然。以国有化程度和污染排放强度为门槛变量的门槛检验表明，无论国有化程度处于何种水平，国有化程度的提高都有助于水环境改善，无论国有化程度偏低或偏高，国有化对环境质量均有明显的改善作用，而中等国有化水平环境改善效果相对不太明显。最后，当污染排放强度较低时，产权多元化有助于降低污染排放强度，而当污染排放强度较高时，国有化才是缓解环境污染的最优选择。

第七，近年来，随着多家央企、国企以股权转让、资产重组、战略合作框架协议、产业基金、股权投资等方式入驻环保行业上市公司，如铁汉生态、国祯环保、碧水源等企业，未来或将形成以央企、国企主导投资进行资源优化配置，而环保市场将通过核心技术、核心产品以及服务能力进一步细分，市场竞争加剧。随着近年来进一步完善政策环境、加大力度支持民间投资等发展政策的出台，鼓励国有企业以投资入股、联合投资、并购重组等方式与私营企业进行合作，如股权融合、战略合作、资源整合以及投资新的重点领域项目方面，私营企业通过引入国有企业进行混合所有制改革，对公司治理以及私营企业创新融资方式均具有重要意义。

第二节 政策建议

本书研究的主要结论表明，混合所有制改革有利于企业污染减排，基于以上研究结论，为更好地实现企业高质量发展的总体目标，提出以下三个建议：

第一，综合考核经济政策的实施效果，为政策评价提供更多维度的考察因素。以混合所有制改革为代表的政策是通过一系列资产化手段，以改革激发企业经营活力。随着混合所有制改革的推进，改革成果的评价不仅应考虑企业盈利能力、生产效率、研发水平等方面，还应当考虑对社会福利的影响，尤其是对生态环境保护的影响。这不仅是因为企业还承担环境保护等社会责任，更多的是因为国有企业在最大化社会福利中承担的责任。混合所有制改革相关政策的历史由来已久，对于这类经济政策的环境效应的考察不能仅仅停留在其经济效果，还应当更多关注以环境保护为代表的社会福利。而对于民营资本来说，逐渐引入国有资本，不断完善企业内部治理结构，提高企业内生激励，有助于提高混合所有制改革的效率，同时有助于治污减排。

第二，深化国资国企改革，加快实现从"管企业"向"管资本"的转变，充分促进各类资本的优势互补，为国有企业做强做优做大、提升核心竞争力提供制度保障，同时在健全现代环境治理体系和推行生态文明建设的背景下，深刻认识、理解混改的本质，深化国资国企改革有利于推动国有企业更好地履行环保治理责任、更快实现绿色发展和高质量发展。

第三，优化市场营商环境，完善产权保护、公平竞争、市场准入、社会信用等市场经济基础制度，在制度和法律上解决各种所有制经济平等地进入和退出市场问题，为混改企业实现治污减排创造良好的市场环境。同时，强化国有企业技术创新的主体地位，加大对节能减排技术的研发力度，着力培育企业的绿色创新驱动力，进一步提高传统耗能产业的能源资源利用效率，尽力节约资源成本，建立起清洁生产的循环体系。

参考文献

[1] Aghion, P., Bloom, N., Griffith, R., et al. Competition and Innovation: An Inverted U Relationship [J]. Quarterly Journal of Economics, 2005, 120(2): 701-728.

[2] Aghion, P., Harris, C., and Vickers, H. J. Competition, Imitation and Growth with Step-by-step Innovation [J]. Review of Economic Studies, 2001, 68 (3): 467-492.

[3] Akbostanci, E., G. Tunc, and TüRüT-Asiks. Pollution Haven Hypothesis and the Role of Dirty Industries in Turkey's Exports [J]. Environment and Development Economics, 2004, 12(2): 297-322.

[4] Bárcena-Ruiz, J. C., and M. B. Garzón. Mixed Oligopoly and Environmental Policy [J]. Spanish Economic Review, 2006, 8(2): 139-160.

[5] Beladi, H., and C. Chao. Does Privatization Improve the Environment [J]. Economics Letters, 2006, 93(3): 343-347.

[6] Boubakri, N., Cosset, J. C., and Saffar, W. The Role of State and Foreign Owners in Corporate Risk-taking: Evidence from Privatization [J]. Journal of Financial Economics, 2011, 108(3): 641-658.

[7] Brandt, L., Van Biesebroeck, J., and Zhang, Y. Creative Accounting or Creative Destruction? Firm-Level Productivity Growth in Chinese Manufacturing [J]. Journal of Development Economics, 2012, 97(2): 339-351.

[8] Clò S., Ferraris, M., and Florio, M. Ownership and Environmental Regulation: Evidence from the European Electricity Industry [J]. Energy Economics, 2017(61): 298-312.

[9] Dasgupta, S., M. Huq, D. Wheeler, et al. Water Pollution Abatement by Chinese Industry: Cost Estimates and Policy Implications [J]. Applied Economics, 2001, 33(4): 547-557.

[10] Earnhart, D. and Lízal, L. Direct and Indirect Effects of Ownership on Firm-level Environmental Performance [J]. Eastern European Economics, 2007, 45(4): 66-87.

[11] Gerlagh, R. Measuring the Value of Induced Technological Change [J]. Energy Economics, 2007, 31(11): 603-619.

[12] Grossman, G., and Krueger, A. B. Environmental Impacts of a North American Free Trade Agreement [R]. NBER Working Paper Series, 1991: 3914.

[13] Hamilton, S. F., and D. Zilberman. Green Markets, Eco-certification, and Equilibrium Fraud [J]. Journal of Environmental Economics and Management, 2006, 52(3): 627-644.

[14] Hansen, B. Threshold Effects in Non-dynamic Panels: Estimation, Testing, and Inference [J]. Journal of Econometrics, 1999, 93(2): 345-368.

[15] Heywood, J. S., X. T. Hu, and G. L. Ye. Optimal Partial Privatization with Asymmetric Demand Information [J]. Journal of Institutional and Theoretical Economics, 2017, 173(2): 347-375.

[16] Jaffe, A. B., R. G. Newell, and R. N. Stavins. Environmental Policy and Technological Change [J]. Environmental and Resource Economics, 2002, 22(2): 41-70.

[17] Kato, K. Can Allowing to Trade Permits Enhance Welfare in Mixed Oligopoly? [J]. Journal of Economics, 2006, 88(3): 263-283.

[18] Kato, K. Optimal Degree of Privatization and the Environmental Problem [J]. Journal of Economics, 2013, 110(2): 165-180.

[19] Laufer, W. S. Social Accountability and Corporate Greenwashing [J]. Journal of Business Ethics, 2003, 43(3): 253-261.

[20] Lee, M. D. P. Does Ownership form Matter for Corporate Social Responsibility? A Longitudinal Comparison of Environmental Performance between Public, Private, and Joint-venture Firms [J]. Business and Society Review, 2009, 114(4): 435-456.

[21] Li X., and Chan, G. W. Who Pollutes? Ownership Type and Environmental Performance of Chinese Firms [J]. Journal of Contemporary China, 2016, 25(98): 248-263.

[22] Lyon, T. P., and J. W. Maxwell. Greenwash: Corporate Environmental

Disclosure under Threat of Audit ［J］. Journal of Economics and Management Strategy, 2011, 20(1): 3-41.

［23］ Marquis, C., and M. W. Toffel. When Do Firms Greenwash? Corporate Visibility, Civil Society Scrutiny, and Environmental Disclosure ［R］. Havard Business School Organizational Behavior Unit Working Paper, 2012.

［24］ Matsumura, T. Partial Privatization in Mixed Duopoly ［J］. Journal of Public Economics, 1998, 70(3): 473-483.

［25］ Maxwell, J. W., and C. S. Decker. Voluntary Environmental Investment and Responsive Regulation ［J］. Environmental and Resource Economics, 2006, 33 (4): 425-439.

［26］ Merrill, W. C., and N. Schneider. Government Firms in Oligopoly Industries: A Short-run Analysis ［J］. Journal of Economics, 1966, 80(3): 400-412.

［27］ Meyer A., and Pac, G. Environmental Performance of State-owned and Privatized Eastern European Energy Utilities ［J］. Energy Economics, 2013(36): 205-214.

［28］ Ohori, S. Environmental Tax, Trade, and Privatization ［J］. The Kyoto Economic Review, 2004, 73(2): 109-120.

［29］ Ohori, S. Optimal Environmental Tax and Level of Privatization in an International Duopoly ［J］. Journal of Regulatory Economics, 2006, 29(2): 225-233.

［30］ Olley, S., and A. Pakes. The Dynamics of Productivity in the Telecommunications Equipment Industry ［J］. Econometrica, 1996, 64(6): 1263-1297.

［31］ Pal, R and Saha, B., Pollution Tax, Partial Privatization and Environment ［J］. Resource and Energy Economics, 2015, 40(5): 19-35.

［32］ Saha, B. Does Privatization Improve the Environment? Revisiting the Monopoly Case ［J］. Economics Letters, 2012, 115(1): 97-99.

［33］ Sarkar, R. Public Policy and Corporate Environmental Behavior: A Broader View ［J］. Corporate Social Responsibility and Environmental Management, 2008, 15(5): 281-297.

［34］ Sethi, P., Sama L. Ethical Behavior as a Strategic Choice by Large Corporations: The Interactive Effect of Marketplace Competition, Industry Structure and Firm Resources ［J］. Business Ethics Quarterly, 1988, 8(1): 85-104.

［35］ Singh, N., and X. Vives. Price and Quantity Competition in a Differentiated Duopoly [J]. Journal of Economics, 1984, 15(4): 546-554.

[36] Tsai T. H., Wang, C. C., and Chiou, J. R. Can Privatization Be a Catalyst for Environmental R&D and Result in a Cleaner Environment? [J]. Resource and Energy Economics, 2016, 43(2): 1-13.

[37] Wang, H., and D. Wheeler. Equilibrium Pollution and Economic Development in China [J]. Environment and Development Economics, 2003, 8(3): 451-466.

[38] Wang, L. F. S., and Wang, J. Environmental Taxes in a Differentiated Mixed Duopoly [J]. Economic Systems, 2009, 33(4): 389-396.

[39] Wang, L. F. S., Wang, Y. C., and Zhao, L. Privatization and the Environment in a Mixed Duopoly with Pollution Abatement [J]. Economics Bulletin, 2009, 29(4): 3112-3119.

[40] Xu, L., Cho, S., and Lee, S. H. Emission Tax and Optimal Privatization in Cournot-Bertrand Comparison [J]. Economic Modelling, 2016, 55(6): 73-82.

[41] 白重恩, 路江涌, 陶志刚. 国有企业改制效果的实证研究 [J]. 经济研究, 2006(8): 4-13.

[42] 包群, 彭水军. 经济增长与环境污染: 基于面板数据的联立方程估计 [J]. 世界经济, 2006(11): 48-58.

[43] 常修泽等. 所有制改革与创新——中国所有制结构改革40年 [M]. 广州: 广东经济出版社, 2018.

[44] 陈俊龙, 汤吉军. 国有企业混合所有制分类改革与国有股最有比例——基于双寡头竞争模型 [J]. 广西财经大学学报, 2016(1): 36-44.

[45] 陈俊龙. 声誉、软预算约束与混合所有制经济发展 [J]. 财经问题研究, 2017(5): 18-24

[46] 陈林, 唐杨柳. 混合所有制改革与国有企业政策性负担——基于早期国企产权改革大数据的实证研究 [J]. 经济学家, 2014(11): 13-23.

[47] 陈林, 万攀兵, 许莹盈. 混合所有制企业的股权结构与创新行为——基于自然实验与断点回归的实证检验 [J]. 管理世界, 2019(10): 186-205.

[48] 陈林, 朱卫平. 创新、市场结构与行政进入壁垒——基于中国工业企业数据的熊彼特假说实证检验 [J]. 经济学(季刊), 2011(2): 653-674.

[49] 陈林. 中国工业企业数据库的使用问题再探 [J]. 经济评论, 2018(6): 140-153.

［50］陈诗一. 能源消耗、二氧化碳排放与中国工业的可持续发展 ［J］. 经济研究，2009(4)：41-55.

［51］陈思宇，张峰，殷西乐. 混合所有制改革促进了公平竞争吗——来自国有企业硬化预算约束的证据 ［J］. 山西财经大学学报，2021(11)：16-28.

［52］陈宇峰，马延柏. 绿色投资会改善企业的环境绩效吗——来自中国能源上市公司的经验证据 ［J］. 经济理论与经济管理，2021(5)：68-84.

［53］陈钊，陈乔伊. 中国企业能源利用效率：异质性、影响因素及政策含义 ［J］. 中国工业经济，2019(12)：78-95.

［54］崔秀梅. 企业绿色投资的驱动机制及其实现路径——基于价值创造的分析 ［J］. 江海学刊，2013(3)：85-91.

［55］董直庆，蔡啸，王林辉. 技术进步方向、城市用地规模和环境质量 ［J］. 经济研究，2014(10)：111-124.

［56］杜雯翠，牛海鹏，张平淡. 企业产权多元化对环境污染的门槛效应检验 ［J］. 财贸经济，2017(12)：145-158.

［57］杜雯翠. 中国工业 COD 全过程管理效果检验——来自 LMDI 的分解结果 ［J］. 中国软科学，2013(7)：77-85.

［58］冯俊诚. 所有制、迁移成本与环境管制——来自重庆微观企业的经验证据 ［J］. 财贸经济，2017(4)：21-36.

［59］冯璐，张泠然，段志明. 混合所有制改革下的非国有股东治理与国企创新 ［J］. 中国软科学，2021(3)：124-140.

［60］冯晓晴，文雯，靳毓. 多个大股东与企业社会责任 ［J］. 财经论丛，2020(10)：64-74.

［61］葛兆强. "国进民退"的本质与中国市场经济体制建构 ［J］. 河北经贸大学学报，2010(1)：39-46.

［62］郭树龙. 中间品进口与企业污染排放效应研究 ［J］. 世界经济研究，2019(9)：67-77.

［63］郭政，姚士谋，吴常艳. 中国工业烟粉尘排放时空演化及其影响因素 ［J］. 地理科学，2020(12)：1949-1957.

［64］国家统计局. 新中国五十五统计资料汇编 ［M］. 北京：中国统计出版社，2005.

［65］国家统计局课题组. 对国有经济控制力的量化分析 ［J］. 统计研究，2001(1)：3-10.

［66］韩超，陈震，王震.节能目标约束下企业污染减排效应的机制研究 ［J］.中国工业经济，2020（10）：43-61.

［67］郝韦霞，滕立，陈悦，等.基于共词分析的中国能源材料领域主题研究 ［J］.情报杂志，2011（6）：70-75.

［68］郝阳，龚六堂.国有、民营混合参股与公司绩效改进 ［J］.经济研究，2017（3）：122-135.

［69］胡曲应.上市公司环境绩效与财务绩效的相关性研究 ［J］.中国人口·资源与环境，2012（6）：23-32.

［70］姬新龙，马宁.混合所有制改革、产权性质与企业风险变化 ［J］.北京理工大学学报（社会科学版），2019（2）：107-115.

［71］蹇亚兰，许为宾.混合所有制改革对国有企业风险承担水平的影响研究——基于PSM-DID方法的实证分析 ［J］.中国物价，2021（3）：22-25.

［72］金宇超，靳庆鲁，宣扬."不作为"或"急于表现"：企业投资中的政治动机 ［J］.经济研究，2016（10）：126-139.

［73］康志勇，汤学良，刘馨."鱼与熊掌能兼得"吗？——市场竞争、政府补贴与企业研发行为 ［J］.世界经济文汇，2018（4）：101-117.

［74］冷艳丽，冼国明，杜思正.外商直接投资与雾霾污染——基于中国省际面板数据的实证分析 ［J］.国际贸易问题，2015（12）：74-84.

［75］李大元，贾晓琳，辛琳娜.企业漂绿行为研究述评与展望 ［J］.外国经济与管理，2015（12）：86-96.

［76］李红阳，邵敏.私人资本、政策稳定性与混合所有制改革的效果 ［J］.经济学（季刊），2019（4）：1329-1350.

［77］李佳佳，罗能生.所有制结构、市场化与区域环境污染——基于中国省际面板数据的实证检验 ［J］.南京财经大学学报，2019（4）：26-35.

［78］李井林，阳镇，陈劲.混合所有制改革与国有企业社会责任——基于量与质双重视角的考察 ［J］.上海经济研究，2021（11）：35-47.

［79］李井林.混合所有制改革有助于提升国有企业投资效率吗？［J］.经济管理，2021（2）：56-70.

［80］李凯杰，曲晓如.技术进步对碳排放的影响——基于升级动态面板的经验研究 ［J］.北京师范大学学报（社会科学版），2012（5）：129-139.

［81］李文兴，汤一用.分类改革视角下的国有企业股权比例优化研究——基于分行业的面板门限回归分析 ［J］.山东社会科学，2021（6）：144-

151.

[82] 李增福，云锋，黄家惠，等. 国有资本参股对非国有企业投资效率的影响研究 [J]. 经济学家，2021(3)：71-81.

[83] 廖冠民，沈红波. 国有企业的政策性负担：动因、后果及治理 [J]. 中国工业经济，2014(6)：96-108.

[84] 林伯强，李江龙. 环境治理约束下的中国能源结构转变——基于煤炭和二氧化碳峰值的分析 [J]. 中国社会科学，2015(9)：84-107.

[85] 林伯强，刘希颖，邹楚沅，等. 资源税改革：以煤炭为例的资源经济学分析 [J]. 中国社会科学，2012(2)：58-78.

[86] 林美顺. 清洁能源消费、环境治理与中国经济可持续增长 [J]. 数量经济技术经济研究，2017(12)：3-21.

[87] 林毅夫，蔡昉，李周. 充分信息与国有企业改革 [M]. 上海：上海三联书店，1997.

[88] 刘瑞明，师博，白永秀. 所有制结构、软预算约束与能源效率——理论与中国的经验证据 [J]. 人文杂志，2015(6)：25-33.

[89] 刘小玄. 中国工业企业的所有制结构对效率差异的影响——1995年全国工业企业普查数据的实证分析 [J]. 经济研究，2000(2)：17-25.

[90] 刘晔，张训常，蓝晓燕. 国有企业混合所有制改革对全要素生产率的影响——基于PSM-DID方法的实证研究 [J]. 财政研究，2016(10)：63-75.

[91] 龙硕，胡军. 政企合谋视角下的环境污染：理论与实证研究 [J]. 财经研究，2014(10)：131-144.

[92] 卢现祥，许晶. 企业所有制结构与区域工业污染——基于我国2003~2009年的省级面板数据研究 [J]. 中南财经政法大学学报，2012(1)：78-83.

[93] 罗润东，徐丹丹. 我国政治经济学研究领域前沿动态追踪——对2000年以来CNKI数据库的文献计量分析 [J]. 经济学动态，2015(1)：86-95.

[94] 马连福，王丽丽，张琦. 混合所有制的优序选择：市场的逻辑 [J]. 中国工业经济，2015(7)：5-20.

[95] 马妍妍，俞毛毛. 出口企业更"绿色"吗？——基于上市公司绿色投资行为的分析 [J]. 经济经纬，2020(3)：71-80.

[96] 南开大学经济研究所. 改革开放以来经济理论在中国的发展和难题 [M]. 北京：经济科学出版社，2004.

[97] 聂辉华,贾瑞雪.中国制造业企业生产率与资源误置 [J].世界经济,2011(7):27-42.

[98] 聂辉华,江艇,杨汝岱.中国工业企业数据库的使用现状和潜在问题 [J].世界经济,2012(5):142-158.

[99] 彭腾,詹博.关于"国进民退"问题的研究综述 [J].云南财经大学学报,2010(4):13-19.

[100] 祁怀锦,李晖,刘艳霞.政府治理、国有企业混合所有制改革与资本配置效率 [J].改革,2019(7):40-51

[101] 任广乾,周雪娅,李昕怡,刘莉.产权性质、公司治理与企业环境行为 [J].北京理工大学学报(社会科学版),2021(2):44-55.

[102] 任亚运,傅京燕.碳交易的减排及绿色发展效应研究 [J].中国人口·资源与环境,2019(5):11-20.

[103] 申萌,李凯杰,曲晓如.技术进步、经济增长与二氧化碳排放:理论与经验研究 [J].世界经济,2012(7):83-100.

[104] 沈君,徐丹丹,陈天公.中国劳动经济研究领域文献计量报告:2000-2011 [J].劳动经济评论,2013(1):1-11.

[105] 沈可挺,龚健健.环境污染、技术进步与中国高耗能产业——基于环境全要素生产率的实证分析 [J].中国工业经济,2011(12):25-34.

[106] 盛斌,吕越.外国直接投资对中国环境的影响——来自工业行业面板数据的实证研究中国 [J].中国社会科学,2012(5):54-75.

[107] 盛丰.生产效率、创新效率与国企改革——微观企业数据的经验分析 [J].产业经济研究,2012(4):37-46.

[108] 盛明泉,陈一玲,鲍群.国企混合所有制改革对全要素生产率的影响、作用机制与异质性研究 [J].经济纵横,2021(7):47-56.

[109] 石庆玲,郭峰,陈诗一.雾霾治理中的"政治性蓝天"——来自中国地方"两会"的证据 [J].中国工业经济,2016(5):40-56.

[110] 苏丹妮.全球价值链嵌入如何影响中国企业环境绩效?[J].南开经济研究,2020(5):66-86.

[111] 孙博文,张政.国有企业混合所有制改革的碳减排效应及其机制分析——基于中国工业企业污染数据库的微观证据 [J].改革,2021(7):75-90.

[112] 谭用,盛丹.揭开出口贸易影响企业排污的"面纱"——清洁生产与终端治理 [J].南开经济研究,2022(1):39-55.

[113] 唐玲，杨正林. 能源效率与工业经济转型——基于中国 1998－2007 行业数据的实证分析 [J]. 数量经济技术经济研究，2009（10）：15－25.

[114] 涂正革，金典，张文怡. 高污染工业企业减排："威逼"还是"利诱"？——基于两控区与二氧化硫排放权交易政策的评估 [J]. 中国地质大学学报（社会科学版），2021（3）：90－109.

[115] 王兵，吴延瑞，颜鹏飞. 中国区域环境效率与环境全要素生产率增长 [J]. 经济研究，2010（5）：95－109.

[116] 王兵，张技辉，张华. 环境约束下中国省际全要素能源效率实证研究 [J]. 经济评论，2011（4）：31－43.

[117] 王丽丽，陈霞. 混合所有制改革与企业风险承担 [J]. 天津大学学报（社会科学版），2020（6）：504－518.

[118] 王飒. 基于文献计量的共词分析方法及应用述评 [J]. 情报科学，2014（4）：150－154.

[119] 王世强. 国有企业混合所有制改革与污染防治 [J]. 产业经济评论，2021（5）：22－34.

[120] 王欣，韩宝山. 混合所有制企业股权结构治理效应分析 [J]. 经济体制改革，2018（6）：125－131.

[121] 王兴民，吴静，王铮，等. 中国城市 CO_2 排放核算及其特征分析 [J]. 城市环境研究，2020（1）：67－80.

[122] 魏楚，杜立民，沈满洪. 中国能否实现节能减排目标：基于 DEA 方法的评价与模拟 [J]. 世界经济，2010（3）：141－160.

[123] 魏巍贤，杨芳. 技术进步对中国二氧化碳排放的影响 [J]. 统计研究，2010（7）：36－44.

[124] 巫云仙. 改革开放以来我国引进和利用外资政策的历史演进 [J]. 中共党史研究，2009（7）：24－32.

[125] 吴敬琏. 当代中国经济改革 [M]. 上海：上海远东出版社，2004.

[126] 吴敬琏. 大中型企业改革：建立现代化企业制度 [M]. 天津：天津人民出版社，1993.

[127] 肖挺，刘华. 产业结构调整与节能减排问题的实证研究 [J]. 经济学家，2014（9）：58－68.

[128] 谢千里，罗斯基，张轶凡. 中国工业生产率的增长与收敛 [J]. 经济学（季刊），2008（3）：809－826..

[129] 熊爱华, 张质彬. 国有企业混合所有制改革、金融化程度与全要素生产率 [J]. 南方经济, 2020(9): 86-106.

[130] 徐保昌, 谢建国, 孙一菡. 中国制造业企业出口的污染减排效应研究 [J]. 世界经济与政治论坛, 2016(2): 141-158.

[131] 徐斌, 陈宇芳, 沈小波. 清洁能源发展, 二氧化碳减排与区域经济增长 [J]. 经济研究, 2019(7): 188-202.

[132] 徐国祥, 苏月中. 上海国有经济控制力定量评估与发展对策研究 [J]. 财经研究, 2003(8): 28-33.

[133] 徐璐, 叶光亮. 竞争政策与跨国最优技术授权策略 [J]. 经济研究, 2018(2): 95-108.

[134] 徐有俊, 江旭, 沈悦. 发展中经济部分私有化、环境税及其影响——基于一般均衡分析 [J]. 商业经济与管理, 2010(7): 36-41.

[135] 杨春学, 杨新铭. 关于"国进民退"的思考 [J]. 经济纵横, 2015(10): 35-45.

[136] 杨帆, 周沂, 贺灿飞. 产业组织、产业集聚与中国制造业产业污染 [J]. 北京大学学报(自然科学版), 2016(3): 563-573.

[137] 杨飞, 孙文远, 张松林. 全球价值链嵌入、技术进步与污染排放——基于中国分行业数据的实证研究 [J]. 世界经济研究, 2017(2): 126-134.

[138] 杨飞. 技能偏向新技术进步理论研究进展 [J]. 劳动经济评论, 2014(1): 112-131.

[139] 杨莉莎, 朱俊鹏, 贾智杰. 中国碳减排实现的影响因素和当前挑战——基于技术进步的视角 [J]. 经济研究, 2019(11): 118-132.

[140] 杨青, 王亚男, 唐跃军. "限薪令"的政策效果: 基于竞争与垄断性央企市场反应的评估 [J]. 金融研究, 2018(1): 156-173.

[141] 杨颖. 国际图情学领域研究热点的引文战略坐标分析 [J]. 情报杂志, 2011(3): 65-68.

[142] 杨运杰, 毛宁, 尹志锋. 混合所有制改革能否提升中国国有企业的创新水平 [J]. 经济学家, 2020(12): 71-79.

[143] 杨振兵, 邵帅, 杨莉莉. 中国绿色工业变革的最优路径选择——基于技术进步要素偏向视角的经验考察 [J]. 经济学动态, 2016(1): 76-89.

[144] 殷军, 皮建才, 杨德才. 国有企业混合所有制的内在机制和最优比

例研究［J］. 南开经济研究, 2016(1): 18-32.

［145］余瑞祥, 朱清. 企业环境行为研究的现在与未来［J］. 工业技术经济, 2009(8): 2-6.

［146］岳立, 李娇娇. 所有制结构对中国城市绿色全要素生产率的影响研究——基于 DEA-Tobit 模型［J］. 河北地质大学学报, 2019(3): 92-97.

［147］张斌, 李宏兵, 陈岩. 所有制混合能促进企业创新吗?——基于委托代理冲突与股东间冲突的整合视角［J］. 管理评论, 2019(4): 42-57.

［148］张炳, 毕军, 袁增伟, 等. 企业环境行为: 环境政策研究的微观视角［J］. 中国人口·资源与环境, 2007(3): 40-44.

［149］张飞雁. 中国国有企业混合所有制改革的路径研究［M］. 北京: 光明日报出版社, 2021.

［150］张济建, 于连超, 毕茜, 潘俊. 媒体监督、环境规制与企业绿色投资［J］. 上海财经大学学报, 2016(5): 91-103.

［151］张维迎. 企业理论与中国企业改革［M］. 北京: 北京大学出版社, 1999.

［152］章迪诚. 中国国有企业改革编史(1978-2005)［M］. 北京: 中国工人出版社, 2006.

［153］赵璨, 宿莉莎, 曹伟. 混合所有制改革: 治理效应还是资源效应?——基于不同产权性质下企业投资效率的研究［J］. 上海财经大学学报, 2021(1): 75-90.

［154］赵放, 刘雅君. 混合所有制改革对国有企业创新效率影响的政策效果分析——基于双重差分法的实证研究［J］. 山东大学学报(哲学社会科学版), 2016(6): 67-73.

［155］郑洁, 付才辉. 企业自生能力与环境污染: 新结构经济学视角［J］. 经济评论, 2020(1): 49-70.

［156］周力, 李静. 外商直接投资与 $PM_{2.5}$ 空气污染——基于中国数据的"污染避难所"假说再检验［J］. 国际经贸探索, 2015(12): 98-111.

［157］周其仁. 改革的逻辑［M］. 北京: 中信出版社, 2013.

［158］周中胜, 何德旭, 李正. 制度环境与企业社会责任履行: 来自中国上市公司的经验证据［J］. 中国软科学, 2012(10): 59-68.

［159］周中胜. 公司治理改善与资源配置效率优化——来自中国上市公司的经验证据［J］. 山西财经大学学报, 2011(2): 69-75.

［160］朱欢，郑洁，赵秋运.经济增长，能源结构转型与二氧化碳排放——基于面板数据的经验分析［J］.经济与管理研究，2020(11)：19-34.

［161］朱磊，陈曦，王春燕.国有企业混合所有制改革对企业创新的影响［J］.经济管理，2019(11)：72-91.

后 记

本书几易其稿，终于即将交付出版，但仍存在一些值得深入思考的问题。混合所有制改革与环境保护，既是学术研究的两个重要话题，又是政策制定的两个关键目标，关于混合所有制改革与环境保护的进一步研究至少还有两个重要问题需要更多、更深入地讨论。

一是关于环境规制与混合所有制改革的政策协同。长期以来，党和国家都高度重视环境保护，"十一五"便将主要污染物减排纳入国民经济和社会发展的约束性指标，党的十八大将生态文明建设放在更加突出的地位，党的十九大提出建设美丽中国，党的二十大更是将人与自然和谐共生作为中国式现代化的五大特征之一，这些都直接带来了环境规制水平和强度的提高。不过，包括本书在内的现有文献仅讨论了国有企业和私营企业在环保行为和环境绩效等方面的差异，却没有深入讨论混合所有制改革是否真正对环境规制产生影响，环境规制又是否影响了国有企业的深化改革。政策实施是一个复杂的系统问题，企业在同时间内会受到多种政策的约束和影响，虽然这些政策的目标设定不同，但却共同作用于企业，企业通过权衡比较做出策略选择，但这个策略选择对于不同政策而言意味着不同的效果。因此，要促进企业减污降碳增效，实现高质量发展，需要充分考虑政策协同，降低政策摩擦，形成共促企业高质量发展的政策合力。

二是如何深入理解混合所有制改革背景下企业污染排放的经济本质。在混合所有制改革背景下，我们需要讨论的不是产权多元化与否的问题，而更应该关注在产权多元化的前提下怎么做的问题。如何在产权多元化改革中减少环境污染，改善环境质量，这是一个有助于加强深化改革成效，寻找生态环境治理新抓手的交叉问题。从某个方面看，混合所有制改革的本质是获得规模效应，通过规模效应提高效率，而解决污染问题的根本也在于提高效率。环境规制的目的不是将所有产生污染的企业关停，而是促进企业效率的提升。从这个角度看，混合所有制改革与环境治理的目标是一致的，未来，如何实现环境规制与其他经济社会政策的协调，还需要进一步讨论。

本书是教育部人文社会科学研究规划基金"混改背景下企业环境行为的异化选择与微观机理研究"（项目号：20YJA790009）的研究成果，书中的每个章节都是课题组全体成员集体智慧的成果。特别感谢经济管理出版社的任爱清老师，如果没有任老师的帮助、催促与宽容，本书不会顺利出版；感谢首都经济贸易大学经济学院的刘森森同学的参与，为我们提供了市场竞争这一新的研究视角；感谢在若干次项目研讨会上为我们提出宝贵意见的专家。

本书中所有错误与不足均由笔者负责。最后，恳请各位学者和专家批评指正。

2023 年 10 月